批评理论与文学研究丛书
张旭东 蔡翔 主编

作为思想的语言
思想としての言語

[日] 中岛隆博 著　王钦 译

著作权合同登记号 图字：01-2020-7354

图书在版编目(CIP)数据

作为思想的语言 /（日）中岛隆博著；王钦译.—北京：北京大学出版社，2022.9
（批评理论与文学研究丛书）
ISBN 978-7-301-33476-8

Ⅰ.①作… Ⅱ.①中…②王… Ⅲ.①语言哲学—研究 Ⅳ.①H0

中国版本图书馆 CIP 数据核字（2022）第 188818 号

SHISO TO SHITE NO GENGO
by Takahiro Nakajima
© 2017 by Takahiro Nakajima
Originally published in 2017 by Iwanami Shoten, Publishers, Tokyo.
This simplified Chinese edition published 2022
by Peking University Press, Beijing
by arrangement with Iwanami Shoten, Publishers, Tokyo

书　　名	作为思想的语言 ZUOWEI SIXIANG DE YUYAN
著作责任者	[日]中岛隆博 著　王钦 译
责任编辑	延城城
标准书号	ISBN 978-7-301-33476-8
出版发行	北京大学出版社
地　　址	北京市海淀区成府路 205 号　100871
网　　址	http://www.pup.cn　新浪微博:@北京大学出版社
电子信箱	pkuwsz@126.com
电　　话	邮购部 010-62752015　发行部 010-62750672 编辑部 010-62756467
印　刷　者	三河市北燕印装有限公司
经　销　者	新华书店 965 毫米×1300 毫米　16 开本　11.25 印张　151 千字 2022 年 9 月第 1 版　2022 年 9 月第 1 次印刷
定　　价	49.00 元

未经许可，不得以任何方式复制或抄袭本书之部分或全部内容。
版权所有，侵权必究
举报电话：010-62752024　电子信箱：fd@pup.pku.edu.cn
图书如有印装质量问题，请与出版部联系，电话：010-62756370

目 录

致中国读者　1
前言　1

第一部分　日本语境下作为思想的语言——迈向普遍性

第一章　空海的语言思想　3
第二章　《古今和歌集》与诗的语言　12
第三章　本居宣长与夏目漱石的差异　33

第二部分　现代语境下作为思想的语言(1)——救赎的场所

第四章　如何为时代画上切线
　　　　——本雅明、竹内好、户坂润　51
第五章　日本式基督教与普遍性
　　　　——内村鉴三　74

第三部分　现代语境下作为思想的语言(2)——窥见的秘密

第六章　本土的精神性与现代
　　　　——从日本现代文学出发　95
第七章　关于神秘
　　　　——井筒俊彦与老庄思想　105

代结论　131

参考文献　135
后记　147
解说　中岛隆博的治学　152
附录　向未来敞开的学问
　　　——访谈中岛隆博教授　163

致中国读者

中岛隆博

非常感谢读者诸君翻阅中文版《作为思想的语言》。多亏了王钦老师的翻译,我才有了这么一个好机会,再次向他表示感谢。

就像很多年轻人一样,我在十几岁的时候也深深为人生的问题所苦恼。当时我抓起很多书来读,想要找到点头绪,然后遇到了哲学。哲学的好处是,它没有固定对象,什么都可以谈,对哲学本身进行思索也可以。这跟我们的人生有点儿像。不过,哲学话语未必都那么容易理解,因为哲学对自然语言的运用将后者推到了极限。哪怕是看上去平实的表达,要理解其意义,也得费上一些思考过程。对于当时只有十几岁的我来说,为了搞懂某个意思,往往要花费大量时间。等到意识过来,当自己觉得对十几岁时拼命想要理解的"思想"和"语言"等概念稍有感觉时,已经年过三十。我想起某位老教授曾说"I am a slow learner",有些事情确实只能慢慢才能理解。

我的专业是中国哲学。在日本,对中国哲学的理解实在已经刻板化了。我十几岁时曾读了很多中国古代经典,而我至今记得当时自己对书后所附的解说感到非常失望。当欧美哲学开始反思自身的现代结构、当哲学试图呈现新的面貌时,日本的中国哲学依然重复着19世纪的那套范式。若要认真重新审视现代性范式,就必须从根本上改变对中国哲学的态度。基于这样的想法,我开始持续对中国哲学进行解构。过了三十岁的时候,终于看到了一点光亮。那个时候,我终于可以逐渐对"思想""语言"等概念再定义,并部分地把握这些概念了。漫长迂回的旅途是必要的。

在此过程中，我也遇到了日本的哲学。不仅在现代，日本哲学在前现代也与其外部有着丰富的交错。这也就意味着，我们不能仅仅在日本的语境中进行理解，而始终要在日本与中国、韩国乃至亚洲和欧美的交错所产生的语境中展开思考。在此收录的文章讨论的虽然是日本的哲学、文学和宗教，但所有这些问题都由于上述背景而被放置在一个更大的脉络之中。

当初起《作为思想的语言》这个标题的时候，我想到的是户坂润所谓"作为思想的风俗"和"作为思想的文学"。我的人生已经比户坂来得长了，真是马齿徒增。但由于自己是 a slow learner，怎么也无法达到户坂的境地。尽管如此，作为经历了20世纪后半叶的"语言学转向"后对中国哲学展开研究的研究者，我还是想要向大家展示：在日本，关于语言的思索具有什么样的可能性和界限。

就像十几岁和二十几岁的我一样，大家所处的世界有时显得很冷淡，大家有时候可能想要对之背过身去。但诸位决不是独自一人。本书中收录的许多先人也曾有过同样的苦恼。我想以自己的方式来"撞"一下先人们留下的文本这口"钟"，以此来了解先人那里的苦恼，也试图以此来恢复这个世界。

"危机"一词不可轻易使用。历史已经证明，草率使用这个词反而会深化危机，但如今新冠疫情或许该被称作"危机"。是把这个危机变得更加严重，还是把它变成转机，取决于大家如何磨炼对世界的想象力。我们期待的是一个什么样的世界？这不是从思想的展览柜中挑一个思想出来这么简单。相反，为了展望世界，我们必须发明介入世界的态度。这便涉及想象力的问题。希望大家每个人都能切实地体验一下本书中收录的对于世界的种种想象力，然后各自发明自己的语言，与世界相关联。那个时候，诸位或许就会明白，自身是被他者的语言所贯通的，而且，这就是一种救赎。

2020 年 东京
夏夜静思

前　言

对语言进行思考——我一直觉得这个表述有点不太稳当。或许这是因为用语言来思考语言,已然是一个复杂的姿态。不过,如果单纯是因为这样的话,那么在对意识进行思考、对存在进行思考等其他问题上,似乎也可以这么说。换言之,这些都是对于构成我们思考之条件的东西所展开的思考。

然而,就对语言进行思考而言,还存在着另一层违和感。与"意识"和"存在"不同,语言即使不是无数的,也是复数的,很难设想存在着唯一的语言。即使存在"日本式的意识"或"日本式的存在",这些也是日本式变体,即我们首先假设有一般意义上的意识和一般意义上的存在;与之相对,日语却不能还原为"日本式的语言",因为语言逾越了单纯的特殊性而向普遍性开放。这就是说,语言包含着根本上的复数性,若要对此进行思考,就必须从一开始对翻译问题进行(看上去几乎不可能的)考察。不仅复数的自然语言之间要求翻译,而且所谓同一门自然语言内部也要求翻译。回顾日语的历史很容易看到语言在其中经历的巨大变化。

因此,"对语言进行思考"这一表述的难点在于,似乎它一开始就要求我们对他者的语言或语言的他者进行思考。当然,反过来说,这也意味着,"什么是我的语言、我们的语言",绝不是容易的问题。我们必须直面酒井直树的追问,即"翻译对于'主体'这一语词的存在所做的规定"(酒井,1997 年,V 页)[①]。对此,可能的探究进路是

---

① 引文出处参见书末的各章参考文献,下同。——译者

什么呢？例如，我们可以采取的进路包括：分析构成言语活动的文字、声音、意指作用、指示对象、向他者的传达过程（及其失败）等。或者，也可以采取人们在所谓语言学转向之后采取的进路，即从"语言本身建构现实"的观点出发，尝试思考语言的概念建构力量或现实建构力量。

在我看来，这些的确是颇具魅力的进路。不过，若要对于他者的语言或语言的他者进行思考，上述进路还不能令人满足。因为在我看来，如果不以某种方式触及语言之起源，就无法迫近问题。当然，我很清楚，对于"起源"问题的追问本身就问题重重。这里往往包含着某种"目的"。我们可以想到，达尔文在《物种起源》（1859年）中，通过考察被人们视作固定形式或最终原因的"种（species，希腊语 eidos）①"的"起源"，反过来解构了"种"的概念，动摇了人们认为非常稳固的形式和原因。也就是说，通过彻底考察"起源"，我们能在这个世界中发现缝隙，动摇安定的"目的"，并带来完全不同的想象力。在这本书中，我想以达尔文的那种考察"起源"的方式来进行思考。

2007年，拙作《残响的中国哲学——语言与政治》（东京大学出版会）出版，当时我的出发点是《淮南子》中记载的"昔者仓颉作书，而天雨粟，鬼夜哭"（《淮南子·本经训》）。"天雨粟，鬼夜哭"这两种在语言起源处产生的反应，依然深深地引发着我的思索。唐人张彦远在其《历代名画记》的开头阐明了其中一层含义："颉有四目，仰观垂象。因俪乌龟之迹，遂定书字之形。造化不能藏其秘，故天雨粟；灵怪不能遁其形，故鬼夜哭。"起源的语言，具有阐明自然之秘密的力量，而由此引发的结果是，"鬼"这一他者便无法隐藏自己。

语言泄露秘密。然而，问题真有如此单纯的阐明结构吗？位于语言面前的秘密是什么？它甚至不是语言以前的秘密。能否认为，语言制造了秘密，也阐明了秘密？关于"鬼"这一他者，是否也同样可以说，言语使鬼成为可能，同时也压抑了鬼？让我们不要太过急

---

① 括号内的说明为引者所加，下同。

切。古代中国的想象力有时过于强大。但无论如何,这里似乎提供了某个线索:语言与秘密,作为秘密的语言或作为语言的秘密。我们可否从这里再次出发?

日本哲学研究者托马斯·P.卡斯利斯(Thomas P. Kasulis)认为,所谓 intimacy(亲密/内在性),在词源上指的是"将内心告诉亲友"(Kasulis,2002 年,33 页)。在卡斯利斯看来,日本哲学史上最能体现这种 intimacy 的思想家之一,就是空海:

> 根据空海的理论,意(心)、身(身体)、口(语言)之间,不存在本体论层面的明确区别。空海将这三个相互嵌套的领域称作"三密"(三个秘密或三种 intimacy)。它们之所以是秘密,是因为它们以亲密的方式直接呈现出来,而不是通过语言表现出来。毋宁说,更正确的说法是,三者作为语言而表现出来。(Kasulis,1982 年,401 页)

"真言密教"这一 intimacy 之教诲的核心,在于语言与秘密。卡斯利斯认为,这是**作为**语言而表现的秘密。① 那么,空海到底从中把握住了什么?换言之,当日语这门"我们的语言"以不同于当今人们所知的语言样貌呈现出来的时候,当空海直面梵语、汉语并在语言的翻译中进行思考的时候,他到底把握住了什么?

为了思索语言、秘密和翻译,这里我想引入"救赎"的概念。佛教得以在中国和日本为人接受,一个理由就在于救赎,而且,这种强力的救赎超越众生、遍及草木瓦砾。这种救赎远远凌驾于儒教所准备的"治"的范围之上。不过,这是什么样的救赎?不同于基督教那里超越性上帝的介入,这里呈现的是某种其他的样式。问题也不是"内在性"这么简单。根据这种救赎,我们在其中生活的这个世界在保持原样的同时,可以让我们依稀看到某个别样的次元。它既可以说是假设性的次元或微分的次元,也可以说是文学性和创造性的次

---

① 文中强调皆为著者所加,引文中的强调则为原文所有。

元。本书之后还会从各个角度对这个问题进行探究。而这个别样的次元意味着,脱离了这一点,就会导致这个世界的灭亡。无论如何,我们需要通过语言的经验才能阐明这个问题。

本书试图探究的是这种以翻译、救赎、秘密为轴心展开的、作为思想的语言的历程,并通过这个历程来尝试对普遍性进行思考。虽然语言需要在复数性中得到思考,或者说正因如此,若没有向普遍性敞开的张力,[思考]就会封闭在特定语言的领域之中。翻译、救赎、秘密如何与普遍性相关联?这是本书的核心问题。

第一部分

日本语境下作为思想的语言
——迈向普遍性

第一部分总体考察日本语境下作为思想的语言。经常有所谓日本没有形而上学的说法，但歌论和文学论恰恰是日本的形而上学，也是作为思想的语言的精髓。在这里，我尝试考察的是：日本的形而上学以何种方式思考语言。

第一章考察空海为何将心、身体、语言等三个领域作为相互交织的秘密来论述。根据我们的通常理解，这三个领域相互区别。但空海却主张它们相互交织，而且将它们界定为秘密。这里有着他对于救赎的希冀。也就是说，空海通过将"此时＝此地"直接与秘密的次元相连接，试图展示救赎一切众生的途径。

第二章处理的是《古今和歌集》的两个序言(假名序和真名序)。如何为和歌奠定基础？如果和歌不仅仅是与中国诗歌之"普遍性"相对的"特殊性"，那么如何为和歌的奠基赋予普遍性和特殊性？在这里，我会将历史引入和歌的起源，了解这究竟是什么样的历史。此外，我也试图重新讨论作为和歌的自然起源的"情"，由此来探讨诗歌的两个起源(历史与自然)那里的秘密。根本而言，这个秘密就是"文"。

第三章通过对照本居宣长和夏目漱石，考察日本如何向普遍性敞开。究竟是否能以不落入文化本质主义，但又不放弃特殊性的方式，来探索向普遍性敞开的可能性？对于这个问题，宣长采取了将特殊性向普遍性敞开的道路，试图将作为日本式趣味的"知物哀"普遍化。与之相对，漱石则认为作为关系概念的"趣味"可以是普遍性的，并由此从特殊性和特殊性的关系出发，试图以全新的方式为文学确立普遍性的基础。

第一章　空海的语言思想

1　布置的思考

2015年正值高野山开山1200年。当2015年夏威夷大学和东京大学的联合暑期研讨班的主题确定为"语言"的时候,我就想从空海(774—835年)及其语言思想那里获得本书的某些启发。我在本科生时代听末木文美士老师讲课的时候翻阅过最澄和空海的一些资料,不过当时完全啃不动,只好作罢,但一直放在心上。之后进入研究生阶段,研究中国六朝时期诗论和文论之顶点的《文心雕龙》时,必须得读空海的《文镜秘府论》。我在阅读过程中想到,空海的思考里有着某种布置非常独特的思想。不过,要从正面来考察这个问题,得另觅其他机会。于是,对我来说,这个暑期项目就成了久候多时的机遇。

经历了东京和京都的讲演和诸多讨论,终于到了高野山。这个据说空海至今影响并守护着的真言密教之地,也令我们大大改变了自己对于语言之态度,进而改变了自己对于世界的态度。

刚才提到,空海的思考中有着对于布置的考量。例如,我们来确认一下空海的两界曼荼罗。如人们所说,据称来自其师惠果(746—805年)的两界曼荼罗,其构成是两个不同世界的相互对应——胎藏界曼荼罗和金刚界曼荼罗。在空海之前,并不存在将这两个世界对应起来的布置。人们在见到对应结果之后,认为这一布置中有着真言密教的核心秘密,许多人开始对此进行探究。然而,空海真正的惊人之处是他的这种布置手法,即他把原本并不对应的两个异质性世界对应了起来。

这是我在阅读空海《文镜秘府论》时感受到的内容。此书汇集了六朝至盛唐的诗论和文论。此后以韩愈(768—824年)和柳宗元(773—819年)为中心的古文运动兴起,空海收集的诗论和文论也就在字面意义上云消雾散了。因此,虽然人们经常强调其作为历史材料的价值,但我认为更重要的是这里所体现的布置的思考。

这本书分为天、地、东、西、南、北(或天、地、东、南、西、北)六卷,分别对应天地、东西、南北,同时在整体上也对应另一个全体。也就是说,作为儒教"文章"论的《文镜秘府论》,对应着这里没有提到的、作为"名教(名=言语的教诲)"的佛教。《文镜秘府论》序言开头写道:"夫大仙利物,名教为基,君子济时,文章是本也。"(空海,1986年,5页)自不待言,文章后半属于儒教。因此,空海在《文镜秘府论》中花了六卷来阐明这后半部分的"文章"诸规则。

那么,这里没有提到的前半部分是什么呢?构成佛教利众生之基础的"名教",即"名"这一语言之教诲,其正身必须得到辨明。或许可以大致认为,空海撰写《声字实相义》和《吽字义》(下文会有所涉及),就是为了说明《文镜秘府论》中没有提到的、对应于儒教"文章"的佛教"名教"的原委。对空海来说,作为"名教"的佛教,无论如何都必须比儒教(而儒教在中国有时也被称为"名教")更为出色。这究竟何以可能?

2《声字实相义》

《声字实相义》论述的是"声""字"和"实相"三个概念的关联,探讨这三个概念在相互关联的同时如何构成这个世界。关于这一论述的意义,空海在开头部分说道:

> 夫如来说法必借文字,文字所在,六尘其体;六尘之本,法佛三密即是也。……名教之兴,非由声字不成;声字分明而实相

显。(空海,2004年,131页)

这里的难点在于"实相"。要作更强解释的话,也可以说是理念性和理想性的姿态,但同时也是我们实际看到的实在姿态。如果我们可以在如此广泛的意义上理解"实相",那么空海在这里试图讨论的,就是声音和文字以及与之相伴的知觉、身体、心乃至实在。人们会想将这种构造与现代语言理论尤其是索绪尔的理论并置在一起,也属理固宜然吧。只不过,与这些理论不同的是,空海的思考并不限于人类语言——他恰恰试图通过一般意义上的语言来理解世界整体。

"声""字"和"实相"三个概念如何关联?空海给出的核心定义如下:

> 内外风气才发必响,名曰声也,响必由声,声则响之本也;声发不虚,必表物名,号曰定也;名必招体,名之实相。声、字、实相三种区别名义。(同上书,137页)

在空海的定义中,重要的是在"声""字""实相"中任何一个都没有被认为是可以单独存在的东西。"声"是由内外两种风气(气息与空气)相互碰撞而产生的声响。"字"则通过文字表明,这个"声"不是虚无,而是"必表物名"的"声"与"物"的对应关系。"实相"是这个"字"必然带来的"体",也就是实在。

从现代语言理论出发,空海的解释看起来非常强硬。因为在很多情况下,这三个概念未必关联在一起。例如,我们不能将缺乏实在的虚无事先排除在外。不过,这不构成对于空海论述的驳斥。因为空海不仅仅是在论述人类语言,也是在其他观点上进行思考。继续刚才的引用,空海说道:

> 又四大相触,音响必应,名曰声也。五音八音七例八转皆悉待声起。(同上)

所谓"四大",说的是地、水、火、风等四种构成存在者的基本元素。在此,空海也认为,"四大"通过相互接触而产生声音。于是,这种声音得以通过各种方式来配置(五音、八音、七例、八转),中国的音乐和梵语的格变化由此成为可能。在此需要注意的是,空海将梵语作为外语来理解。不仅借助汉语,空海更是在语言的复数性中进行思考。

因此,为了理解作为"音乐"和"语言"之声音而产生的东西有何意义,文字就必不可少。这种文字是"六尘"那里都具备的东西——所谓"六尘",即色尘(眼睛看到的东西)、声尘(听到的东西)、香尘(闻到的东西)、味尘(尝到的东西)、触尘(摸到的东西)、法尘(想到的东西)等一切知觉对象。

于是,"声""字""实相"就不限定于人类语言,而是适用于一切知觉对象的三个维度。要言之,这三者是构成一切知觉对象所形成的世界的三个维度。因此,空海得以在下面的颂词中,如此总结这三个维度:

> 五大皆有响
> 十界具言语
> 六尘悉文字
> 法身是实相(同上书,155 页)

"五大"即"四大"加上"空"这一元素。"十界"指的是"六道"加上"佛界""菩萨界""缘觉界""声闻界",即一切世界。一切世界都具备语言,都可以从中发现"声""字""实相"等三个维度。这一颂词的要点在于,"法身"就是"实相"。在空海看来,语言(声音和文字)绝不是虚无的,而是对应着体现"法身"的实在。语言并非虚无的最重要的理由是,"声""字""实相"等三个维度贯通了"法身"这一根本真理或秘密。因此,实在同时也是理念性和理想性的存在。

3 法身说法与即身成佛

这个主张看上去很强硬。因为一般而言,人们认为佛教真理无法通过语言来把握。但空海却在这里论述甚至主张,"法身"这一根本真理不仅借由"实相"的原封不动的实在来体现,而且借由人类和存在者的语言性存在方式来表现。①

不过,虽然空海早就断然主张"法身说法",即主张真理以直接的方式来言说,但在空海这里,这绝不是什么没来由的离奇说法。藤井淳在其基于博士论文撰写的论著中,将空海的"法身说法"与当时日本佛教界的论争关联起来——三论宗与法相宗之间展开的"空有论争"——提出了如下看法:

> 沿着《二教论》的"唯识中观,叹言断心灭""显教所谈言断心灭境"的定义,空海在这里引用了《释摩诃衍论》中所说的"存在可言说真理的言与心",可以认为,这是空海针对法相和三论两宗的批判,两者都止步于"最高真理处言与心尽绝"的教理理解。空海在《二教论》中指出,三论也好,法相也好,两者都仅仅慨叹真理领域为"言断心灭",而自己则能凭借从中国请来的真言秘密藏法来言说真理。由此,对于当时的三论和法相间的空有论争,空海试图从更高的立场上予以解决。(藤井,2008年,233页)

换言之,空海对三论宗和法相宗的批判在于,两者都将"最高真理处言与心尽绝"作为前提,而他则试图通过展示真理与语言的对应而超越当时的论争。

---

① 末木文美士一方面将空海在《声字实相义》中的论述视为"一切自然都是佛的法身"的"泛神论"思想,另一方面则提出,需要重新理解其中的"悖论",即"佛的根本语言藏匿于最深处,要求进一步前行"(末木,2014年,258—259页)。本论也试图对此作出思考。

我想沿着上述理解作进一步的思考。空海主张"法身"体现在语言和"实相"之中,这一观点绝不仅仅是为解决空有论争而想出来的权宜之计。这里有着空海思想的核心。为了考察这一点,我想参照空海的另一部重要论著,即《即身成佛义》。所谓"即身成佛",说的是可以在当下身体这里迅速成佛。于是,这一论著背后的想法是,"法身"在这个当下的身体中得到体现。那么,假如可以"即身成佛",所实现的究竟是什么呢?空海论述道:

> "重重帝网名即身"者,是则举譬喻以明诸尊刹尘三密圆融无碍。帝网者,因陀罗珠网也。谓身者,我身、佛身、众生身,是名身。又有四种身,言自性、受用、变化、等流,是名曰身;又有三种字印形是也。如是等身纵横重重,如镜中影像灯光涉入,彼身即是此身,此身即是彼身,佛身即是众生身,众生身即是佛身;不同而同不异而异。(空海,2004年,104页)

就像上文所示,这个当下的身体,被认为**仿佛**同时是我的身体、佛的身体、众生的身体。这里可以明确看到空海的布置的思考,即将不同次元叠合在一起。这个当下的身体不是我一个人的身体,而同时也是佛的身体、众生的身体;如此一来,"即身成佛"所实现的,就不仅仅是自己成佛,也应该是众生的成佛。反过来说,主张"即身成佛",就是从根本上保证了这个世界上一切众生的救赎。同样,自性身(作为悟本身的身体)、受用身(自身受用悟,也让他人受用悟的身体)、变化身(变化着显现的身体)、等流身(以与被救赎者相同的形态显现的身体)这四种身体,说的也是一个身体在不同身体次元内的存在。

于是,无论空海在《声字实相义》和《法身说法》里提出的主张——真理体现于语言和存在者那里——虽看起来过度,为了众生之救赎的目的,都是必要的。

在此,对于开头所提出的问题,答案也就昭然若揭了。这个问题就是,对于空海而言,作为"名教"的佛教,如何比另一个"名教"即儒教来得更加优越？这是因为佛教可以通过语言和存在者来体现真理并救赎一切众生。与之相对,儒教只能通过有限的方式体现真理,达不到对万人万物的救赎。①

在此,让我们稍微论及一下儒教。我想确认的是,儒教对真理采取何种态度,如何确立语言相对于真理的位置。

4 真理与语言
——《易》

在儒教那里,作为思考真理与语言之关系的出发点,我们要提到《易·系辞上传》中的如下论述：

> 子曰："书不尽言,言不尽意。"然则圣人之意,其不可见乎。
> 子曰："圣人立象以尽意,设卦以尽情伪,系辞焉以尽其言,变而通之以尽利,鼓之舞之以尽神。"（阮,1983年,158页）

这一论述探讨的是"双重束缚"及其克服。一方面,体现真理的圣人之"意",无法通过"书"和"言"这样的书面语或口语来表达；但另一方面,如果引入《易》所提供的"象""卦""辞"这些特殊的书写,就能够表达圣人之"意"。

不过,如此一来,能够掌握真理的人,就只有那些能够了解特殊书写的人了吗？似乎很难让所有人都和真理相关。大概是考虑到了这一点,《周易正义》中关于此处的疏,将"设卦以尽情伪"引申为"设

---

① 神塚淑子讨论了关于空海《秘藏记》的一个问题,即"梵字生于本有之理,而汉字生于妄想。所以梵字为正,汉字为邪"。神塚认为,"空海这种对于梵字的认识,一个根本原因是他看到了汉语和梵语的语言体系的不同,认识到梵语佛典要完全正确地译为汉语非常困难。可以推测,另一个原因则是,他对不同于汉字的梵语的发音和字形感到某种神秘性,对此带有特别的崇拜之情。无论如何,在空海比较梵字和汉字之优劣的时候,他为了从作为真言密教思想家的立场出发而向佛之真理接近,才作出了梵字为正、汉字为邪的判断"（神塚,1999年,423—424页）。虽然不清楚空海这一判断的根据,但至少可以看到,对于汉字及其展开的真理,空海是抱有疑问的。

卦以尽百姓之情伪"（同上），明确表示圣人关心的对象包括一般大众，而且还说"圣人立象以尽其意，系辞则尽其言，可以说化百姓之心"（同上），由此设法将真理向所有人敞开。尽管如此，也还是不能达到像空海设想的那样，让语言和身体以及一般意义上的实在来体现真理或秘密。

围绕真理与语言的关系，《易·系辞上传》的这一论述在六朝时代引发了所谓言尽意和言不尽意的讨论。对此，我已经在别的地方进行过详述（中岛，2007年，21—39页），在此只提一下关键点。王弼位于这一讨论的顶点，他认为只有忘言之后，尽意才是可能的；于是，他引入了"忘言"的说法，认为日常语言始终存在着产生虚伪的可能性，不可掉以轻心。

关于"忘言"，王弼在《周易略例·明象》中作了如下阐述：

> 夫象者，出意者也。言者，明象者也。尽意莫若象，尽象莫若言。言生于象，故可寻言以观象；象生于意，故可寻象以观意。意以象尽，象以言著。
>
> 故言者所以明象，得象而忘言；象者所以存意，得意而忘象。犹蹄者所以在兔，得兔而忘蹄；筌者所以在鱼，得鱼而忘筌也。然则，言者，象之蹄也；象者，意之筌也。
>
> 是故，存言者，非得象者也；存象者，非得意者也。象生于意而存象焉，则所存者乃非其象也；言生于象而存言焉，则所存者乃非其言也。
>
> 然则，忘象者，乃得意者也；忘言者，乃得象者也。得意在忘象，得象在忘言。故立象以尽意，而象可忘也；重画以尽情；而画可忘也。（王，1980年，下，609页）

在此，王弼颠倒了《庄子·杂篇·外物》中有关"筌蹄"的讨论——捕鱼之筌和捕兔之蹄在目的达成后就不需要了——主张只有在遗忘了作为手段的语言之后，尽意的目的才能达成。然而，以这种方式来遗忘语言或设想"忘言"，究竟如何可能？这难道不是只有圣人或特殊之人才能办到吗？更何况，这里没有考虑到人类以外的存在者。

王弼在另一个地方即《老子》三十八章的注解中写道："名虽美焉，伪亦必生。"（王，1980年，上，94页）这种对于日常语言的警惕，最终变成了经过多重处理的"忘言"的语言设想。

就此而言，或许可以说，空海认为佛教作为"名教"的语言思想远比儒教的语言思想来得优越，不是没有道理。因为空海所设想的佛教语言思想，最大程度地发挥了一般意义上的语言的功能，让"此时＝此地"的实在次元直接与真理或秘密的次元连接起来，由此来显示救赎众生之道。

不过，儒教的语言思想也并非单纯地完全屈于佛教语言思想之下。因为在儒教这里，超越人类而向万物敞开的道路其实也已经齐备了。在下一章，我试图考察空海通过《文镜秘府论》这一诗论和文论集成而触及的中国诗论，并考察在此基础之上把问题尖锐化了的日本歌论的可能性。

第二章 《古今和歌集》与诗的语言

1 《古今和歌集》的两个序言

众所周知,编于 10 世纪初的《古今和歌集》有两个序言:一个是假名序;另一个是真名序。据说,假名序为纪贯之(866 年左右—945 年左右)所作,真名序为纪淑望(?—919 年)所作,不过后者的制作也与纪贯之有很大关系。纪贯之出生于空海逝世后的世代,他通过《古今和歌集》打开了怎样的世界?

假名序如此开头:

> 倭歌,以人心为种,由万语千言而成,人生在世,诸事繁杂,心有所思,眼有所见,耳有所闻,必有所言。聆听莺鸣花间,蛙鸣池畔,生生万物,付诸歌咏。不待人力,斗转星移,鬼神无形,亦有哀怨。男女柔情,可慰赳赳武夫。此乃歌也。(《古今和歌集》假名序)①

同样,真名序开头如下:

> 夫和歌者,托其根于心地,发其花于词林者也。人之在世,不能无为。思虑易迁,哀乐相变。感生于志,咏形于言。是以逸者其词乐,怨者其吟悲,可以述怀、可以发愤。动天地,感鬼神,

---

① 译文根据《古今和歌集》,王向远、郭尔雅译,上海:上海译文出版社 2018 年,66 页。——译者

化人伦,和夫妇,莫宜于和歌。

和歌有六义,一曰风,二曰赋,三曰比,四曰兴,五曰雅,六曰颂。若夫春莺之啭花中,秋蝉之吟树上,虽无曲折,各发歌谣。物皆有之,自然之理也。(《古今和歌集》真名序)

对语言进行思考是一种形而上学,因为它探究的是始终在语言背后运作的真理、秘密、神秘的次元——并不是只有对超越性的神进行追问才算形而上学。考察附着于有形世界之上、其运作[本身]却不可得见的次元,即所谓微分的次元,也属于形而上学。我在此试图探讨的假名序和真名序,就具备了日本和中国的一种形而上学类型。因为这里显示的是这样一种"文":它超越了关于语言的"自然"与"技术"的二元对立,是使得"自然"得以可能的次元。这一点随着论述的推进会变得明晰起来。

在此之前,我想确认一下这两个序言所参照的思想背景。就像人们已经指出的那样,它们首先和《诗经》大序(《关雎》序言)密切相关。

诗者,志之所之也。在心为志,发言为诗。情动于中,而形于言。言之不足,故嗟叹之。嗟叹之不足,故永歌之。永歌之不足,不知手之舞之,足之蹈之也。

情发于声,声成文,谓之音。治世之音安以乐,其政和。乱世之音怨以怒,其政乖。亡国之音哀以思,其民困。

故正得失,动天地,感鬼神,莫近于诗。先王以是经夫妇,成孝敬,厚人伦,美教化,移风俗。

故诗有六义焉。一曰风,二曰赋,三曰比,四曰兴,五曰雅,六曰颂。上以风化下,下以风刺上。主文而谲谏,言之者无罪,闻之者足戒,故曰风。(陈,1984年,上,诗一,1—2页)

很明确,《古今和歌集》序言与《诗经》大序所共有的前提是,诗歌是内心念想的外在表现。不过,《古今和歌集》序言更强调:和歌不仅是人类之声,也是普遍意义上动物发出的声音。假名序所谓

"生生万物,付诸歌咏"和真名序所谓"虽无曲折,各发歌谣。物皆有之,自然之理也"的主张,相对于中国语境下一般意义上的诗歌的奠基(哪怕是以汉语这一自然语言为前提),更具有普遍性。我不确定序言作者有否参照前一章所见的空海的论述,但两者的方向性是一致的,即不把语言限定在人类身上。

但是,即便如此,还是必须说明,之所以这种更具普遍性的诗歌要采取"和歌"这种特定形式,一方面是将和歌向着更高的普遍性敞开,另一方面则以某种方式将和歌定位为特殊性,这里的"和"或"倭"必须得到说明。

2 和歌的奠基
—— 自然、技术与历史

在此,《古今和歌集》序言引入了技术与历史。根据这一论述,作为特殊性的和歌,在某个历史性的起源处,凭靠技术的力量而兴起。

首先我想提一下假名序和真名序之间微妙的差异。在上一节引述的开头部分,两个序言稍有差异。真名序在最初部分论述了《诗经》大序所谓的"六义",而假名序则将此称为"六种样式",放在后面部分。小泽正夫已经指出了这一点,认为这涉及如下差异:"真名序将六义与和歌的效用联系起来加以论述,假名序则将它作为和歌历史的一部分加以论述。"(小泽,1956年,32页)不过,我所在意的是,小泽认为这一差异表明"假名序无疑在许多地方都比真名序更具日本特色"(同上书,30页)。就结果而言,或许的确更"具日本特色",但即便如此,这里要追问的正是"日本特色"本身的意义。① 也就是说,我们要追问的是,为什么要将历史引入"和歌",并在这一特定历史中,把作为中国诗歌的一般原理的"六义"翻译和融入进来。"日

---

① 最近的研究则强调,假名序以"日本风格"为优先(大野,2013年,188页)。

本特色"并不是事先存在的东西,而必须被理解为通过对"六义"的翻译、首先是通过作为翻译的假名序而被创造出来并向着更高的普遍性敞开的东西。

那么,和歌的历史起源是如何开始的呢?假名序和真名序对这一起源的说法稍有不同。

> 此歌始于天地开辟之时。
> 天浮桥下,男女二神媾和之歌。
> 传之于世者,天上之歌,始于天界之下照姬。
> 下照姬者,天稚御子之妻也,其兄之神形,映照山冈河谷,下照姬歌咏之,谓之"惠比须歌"。此歌字数未定,式样未成。
> 地上之歌,始于素盏呜尊。神治时代,和歌音律未定,歌风质朴,所言至今已难解矣。及至人世,自素盏呜尊时,三十一音律始成。
> 素盏呜尊者,天照大神之兄也。与一女同居出云国,时造宫殿,见起八色彩云,遂咏歌之。于出云八重垣妻笼,即八色彩云生起之处,建八重垣。(《古今和歌集》假名序)①

> 然而神世七代,时质人淳,情欲无分,和歌未作。逮于素盏呜尊到出云国,始有三十一字之咏,今反歌之作也。其后虽天神之孙,海童之女,莫不以和歌通情者。(《古今和歌集》真名序)

和歌有两个起源:一个是假名序中所述"天地开辟之时",与世界开端一起自然产生的歌;另一个是指由三十一个文字组成的和歌,在两篇序言中,都认为它起源于素盏呜尊。作为神,素盏呜尊象征的是上一节引用的假名序中的"赳赳武夫"。"赳赳武夫"未见于《诗经》大序,它占据着真名序里"人伦"的位置。在假名序的翻译上,重要的一点便是这个"赳赳武夫"的引入,以及将素盏呜尊置于和歌起源位置上的做法。

---

① 译文根据《古今和歌集》,王向远、郭尔雅译,66页。——译者

作为一种力量而登场的素盏鸣尊具有如下技术,即他可以将人类作为自然之理所发出的声音转变为歌。换言之,这种力量从"朴素、质朴"的状态出发,对"事"和"心"进行分割,由此来展现歌。于是,神性的力量就被设定在语言尤其是文学的起源处。就此而言,两个序言在包含差异的同时,也在和歌的历史中设定了"自然的起源"和"技术=力量的起源"这两方面。

正是在这里,可以看到和歌同时具备普遍性和特殊性的理由。这是因为铭刻在历史之中的技术=力量的一击,恰恰构成了诗歌的一般条件。诗歌必定有两个起源,而且是在历史的意义上,并且,这一历史性的次元也与"和"或"倭"相重合。

为了翻译并超越中国诗论的强大普遍性,历史无论如何都需要技术=力量的一击;不过,这一技术=力量的起源却遭到了遗忘。如后所述,这种遗忘据说是源于歌的堕落,但恐怕问题没那么简单。这是因为如果不遗忘技术=力量的一击,和歌就会不断处于危机之中,很可能就会自我破坏。

顺便一说,诗人高桥睦郎对两个序言所设定的两个起源非常敏感:

> 在我国(指日本——译者),文艺者的中心既非故事作者,也非相当于现在小说家的剧作者,而是和歌诗人/歌人。简单来说就是现在所谓的歌者,但其实在过去是相当伟大的存在。
>
> 歌人发音作"utayomi",咏歌之人。那么什么是歌咏呢?第一个意思是自己创作歌。第二个意思是咏唱迄今为止他人创作的歌。日本人从某个时期开始,将这两者分开书写为"詠む"和"読む",但我认为两者原本是没区别的。《古今和歌集》里作者不详的歌记作"读者未详",似乎也不是"咏者未详"的误记。
>
> 我认为,发出声音、呼唤包括人类在内的天地自然的灵魂,将呼召来的灵魂置入和固定于歌中,这是"咏"的第一层意思,而其第二层意思则是,发出声音、呼唤作为上述结果而创作的歌中包含并固定着的灵魂。因此,越是回溯到古代,我们的祖先就

越是不区分两种"咏"。优秀的歌人不仅自己创作歌,而且咏唱往昔他人所创作之歌。(高桥,2011年,2—3页)

如此,高桥认为,自然与技术这两个起源在古代的歌人那里是一体的。然后,针对两个序言的论述,高桥凭借对一个细微差异的观察,试图动摇其结构:

> 在我看来,在伊邪那歧命·伊邪那美命与须佐之男命单独的歌中间,应该有天照大御神和须佐之男命的唱和之歌。须佐之男命成长后一事无成、一味哭泣,结果呼喊着想要去往亡母所住的地府之国,遭父神流放,他为了与姐姐天照大御神告别而登上高天原,与怀疑其真意的天照大御神之间订下誓约。这一对应中存在之后歌垣那样的对歌,不是很自然的事吗?(同上书,5—6页)

诗人高桥在《古今和歌集》序言所设定的两个起源——"此歌始于天地开辟之时"的自然起源和由素盏呜尊之力形成的三十一个文字的技术起源——之间,插入了天照大御神和须佐之男命的对歌。由此,他事实上超越了难以调和的两个起源(自然的起源与技术的起源),构想出了歌的另一种起源。换言之,歌的起源处是交流。而这一想法与《古今和歌集》序言的另一个重要源泉——与《诗经》大序并列的重要源泉即《汉书·艺文志》的语言思想有关。

3 作为社会性事物的诗
——《汉书·艺文志》

关于《汉书·艺文志》的语言思想,最重要的是下述段落:

> 书曰:"诗言志,歌咏言。"故哀乐之心感,而歌咏之声发。诵其言谓之诗,咏其声谓之歌。故古有采诗之官,王者所以观风俗,知得失,自考正也。(班,1982年,1708页)

传曰:"不歌而诵谓之赋,登高能赋,可以为大夫。"言感物造端,材知深美,可与图事,故可以为列大夫也。古者诸侯卿大夫交接邻国,以微言相感,当揖让之时,必称诗以谕其志,盖以别贤不肖而观盛衰焉。故孔子曰"不学诗,无以言"也。春秋之后,周道浸坏,聘问歌咏不行于列国,学诗之士逸在布衣,而贤人失志之赋作矣。大儒孙卿及楚臣屈原离谗忧国,皆作赋以风,咸有恻隐古诗之义。其后宋玉、唐勒,汉兴枚乘、司马相如,下及扬子云,竞为侈丽闳衍之词,没其风谕之义。(同上书,1755—1756页)

这里提到了"古者诸侯卿大夫交接邻国,以微言相感,当揖让之时,必称诗以谕其志"的理想式过去,提到了《论语》中的"不学诗,无以言",从中可以清楚看到,诗就是交流本身。如果没有诗,交流也就不成立,而在交流成立的地方就有诗。诗不是某个作者单独创作的现象,而是通过他者的出场,通过与他者的交流而成立的。

要言之,《汉书·艺文志》所讲述的诗的起源或起源的诗,不单单是自然性或技术性的东西,更是由交流构成的社会性之物。高桥睦郎的想象力所敏锐感到的,正是这一点。而古代中国的想象力,由于设想了古代"采诗之官"的存在,也就认为可以通过诗来理解其中体现的社会存在方式。可以说,诗以某种方式与社会性规范关联起来。如果没有这种与社会性规范的关系,"讽喻"这一诗的根本性运作,将是难以想象的。

不过,这里引用的《汉书·艺文志》还谈到了另一个棘手的问题,也就是诗的堕落。在理想式的起源那里,在社会性的意义上出色形成并得以流通的诗,从某个时期开始变化、堕落下去。这到底是怎么回事?

4 诗的堕落

重复一遍,《汉书·艺文志》对诗的堕落描述如下:春秋之后,周道逐渐式微,作为交流的诗不复为人所用,出现了"赋"这种与之相异的新形式的诗,到了汉代则"竞为侈丽闳衍之词",也就是成了堆砌、过度修饰的诗,诗也就堕落了。

这一诗之堕落史的描述,在《古今和歌集》序言中同样可以见到。假名序中写道:

> 当今之世,喜好华美,人心尚虚,不求由花得果,但求虚饰之歌、梦幻之言。和歌之道,遂堕落于好色之家,犹如树木隐于高墙之内,不得见外人,和歌不能登堂入室,不如草芥。回想当初,此种情景绝无也。(《古今和歌集》假名序)①

当今之世,歌已堕落,歌从公共性的场所那里消失了;正因如此,基于上述慨叹,制作编纂《古今和歌集》的理由,便在于发掘《万叶集》以后消失不见的本来的歌,既不忘古,更要传递当今之情形。②

那么,真名序怎么说呢?

> 及彼时变浇漓,人贵奢淫,浮词云兴,艳流泉涌,其实皆落,其花孤荣。至有好色之家,以之为花鸟之使,乞食之客,以之为活计之媒,故半为妇人之右,难进大夫之前。(《古今和歌集》真名序)③

在变得浮华的时代,歌变成"浮""艳"的过度之物,从而堕落。于是,序言慨叹这种堕落的歌成了"妇人之右",而不再是"大夫"的东西。④ 这里的"大夫"让人联想到《汉书·艺文志》中"登高能赋,

---

① 译文根据《古今和歌集》,王向远、郭尔雅译,69页。——译者
② 在真名序中,《古今和歌集》的名字原本被定为《续万叶集》,后来改了。
③ 译文根据《古今和歌集》,王向远、郭尔雅译,69页;略有改动。——译者
④ 真名序有关"妇人之右"的论述似乎有些不甚妥当之处。因为如果纪贯之也与真名序有关,那么这似乎就与以女性口吻书写《土佐日记》,将假名和女性叠合起来的那个纪贯之无法吻合。关于这一点,神田龙身认为,"归根结底,女性和假名都位于言语(parole)的层面上"(神田,2005年,33页),因此,纪贯之试图通过女性和假名,把言语的空间变成显现"纯粹的日本语音"(同上书,36页)的特权性空间。从另一个角度看,事实上纪贯之在《土佐日记》中的态度本身就非常带有"大夫"性,真名序里"妇人之右"则无意间把这一点表露出来了。

可以为大夫",但为何这成了"妇人之右"呢?

在此,我们可以听到刚才"侈丽闳衍"的过度修饰的回响。"和歌"变得奢侈、"其实皆落",就是"妇人之右"。不过,为什么诗歌会堕落,会丧失其"实",仅剩下过度的修饰?

5 遗忘导致的堕落

和歌为何会堕落?假名序如此论述其理由:

> 深知古代和歌,深谙古代"歌心"者,不过一二人而已,而其见解瑕瑜互见、深浅有别。自彼时至今,已有一百余年,历经十朝代。此间,熟知古事及和歌者、善咏和歌者,亦不多也。……
>
> 今天皇陛下治世,国泰民安,冬去春来,已逾九载,皇恩浩荡,泽被八洲,筑波山外,无所不至。陛下日理万机之余,亲自垂顾,不忘古道,复兴故旧,今所御览者,亦欲传后世也。延喜五年四月十八日,大内记纪友则,御书所预纪贯之,前甲斐少目凡河内躬恒,右卫门府生壬生忠岑等,领受敕命,收集《万叶集》未收之和歌,奉献我等新作。(《古今和歌集》假名序)①

在这里略去的地方,著者历数了僧正遍昭、在原业平、文屋康秀、喜撰、小野小町、大伴黑主等歌人。由素盏呜尊在历史和技术的意义上开启的和歌,经过"歌圣"柿本人磨和被称为"歌道精湛,妙不可言"的山部赤人,形成了一部传承下来的历史,其中包括诸多名字明确的歌人。在这个意义上,歌的堕落就是由对于这一传承历史的遗忘而引发的。正是遗忘造成了堕落,那么为了与之对抗,就必须重新记住。基于醍醐天皇的训示——"不忘古道,复兴故旧,今所御览者,亦欲传后世"——纪贯之等编者试图从《古今和歌集》这个名字上就显示着的古今记忆出发来编纂这本书。

---

① 译文根据《古今和歌集》,王向远、郭尔雅译,70—71页;略有改动。——译者

那么,最为遭到遗忘的"古事"或变成"故旧"的东西是什么呢？应该就是人磨以前的、和歌起源处的素盏鸣尊的"技术＝力量的一击"。不过,这歌没有收录在《万叶集》中。恐怕这是因为如果它没有遭到遗忘,其后的和歌就无法以稳定的形式登场了。

真名序几乎讲了同样的事情,但有几个地方值得注意。

> 此外氏姓流闻者,不可胜数。其大底皆以艳为基,不知歌之趣者也。俗人争事荣利,不用咏和歌,悲哉。虽贵兼将相,富余金钱,而骨未腐于土中,名先灭世上。适为后世被知者,唯和歌之人而已。何者,语近人耳,义贯神明也。昔平城天子,诏侍臣令撰万叶集。自尔以来,时历十代,数过百年。其后,和歌弃不被采。虽风流如野宰相,轻情如在纳言,而皆以他才闻,不以斯道显。陛下御宇,于今九载,仁流秋津洲之外,惠茂筑波山之阴,渊变为濑之声,寂寂闭口,砂长为岩之颂,洋洋满耳。思继既绝之风,欲兴久废之道。(《古今和歌集》真名序)①

就像最后所说,这里也强调了重新继承的意志,即重新传承遭到遗忘的、绝迹了的和歌。然而,根源性的遗忘萦绕着和歌的起源,如果没有这种遗忘,和歌就无法成立。换句话说,在和歌的遗忘那里,有着和歌传统的重新继承所无法克服的结构性遗忘。进而言之,使得"和歌传统的重新继承"的故事得以可能的,正是这种结构性的遗忘。在这里,真名序以不同于假名序的方式印证了这一点。它表明和歌的堕落与"荣利"这一经济利益有关。和歌因追求"荣利"而变形,这是堕落的要因。这个在假名序里没有被直接提及的问题,事实上带有中国诗歌堕落论的回响。换言之,这里的颠倒在于并不是和歌产生了"荣利"的结果,而是为了"荣利"去制作和歌。这一点以否定性的方式表明,人们可以为了"荣利"而制作和歌,这种可能性结构性地存在于和歌之中。

---

① 译文根据《古今和歌集》,王向远、郭尔雅译,69页。——译者

6 作为另一起源的《楚辞》

中国诗论的大前提是《诗经》的理想性。因为《诗经》是拥有一切起源的完全之诗——自然性的起源、技术性的起源、社会性的起源,也是铭刻着圣人之意的经书,而且,通过发挥诗本来具备的讽喻精神,社会规范也理应很好地得到遵守。那么,为什么尽管拥有这样的《诗经》,中国的诗还是发生了堕落?为什么会出现"赋"这样的新型诗?

在此,扮演重要角色的是作为南方诗(这里关系到异族性和翻译的问题)的《楚辞》。《楚辞》使得作为完全之诗的《诗经》产生了裂隙。在引入"奇"的价值以补全《诗经》"正"的价值的同时,《楚辞》也使得后者走向堕落。淮南王刘安(前179—前122年)高度评价了《楚辞》,认为它比《诗经》还优秀;而班固(32—92年)则以"昆仑、冥婚、宓妃等虚无之语"(班固《离骚序》)来批判《楚辞》。《楚辞》为代表"正"的经书《诗经》带来了"奇"这种新技术=力量的一击。这和《古今和歌集》序言中素盏呜尊扮演的角色如出一辙。

继刘安和班固之后,如何定位《楚辞》的问题一直聚讼纷纭,因此《诗经》大序以后的诗论和文论也带上了历史化的视野。这种历史化视野应该对《古今和歌集》序言产生了影响。于是,前面见到的假名序和真名序的尝试,即引入历史的维度,以便在保持自身特殊性的同时更具普遍性,绝不单单是"日本特色",而是结构上无法避免的事情。

刘勰(456年左右—6世纪初)的《文心雕龙》最为系统地论述了这种历史化视野。在六朝时期,诸多诗论和文论得到整理,据说刘勰继承了我们后面会谈到的陆机(261—303年)的文论;但刘勰得以为世人所知,靠的是梁文坛的沈约(441—513年)的高度评价。这部

《文心雕龙》对昭明太子编的《文选》也造成了影响。①

关于《文心雕龙》,我在别的地方已经详细讨论过了(中岛,2007年,77—117页),这里只谈一下要点。《文心雕龙·比兴》篇写道:

> 楚襄信谗,而三闾忠烈,依诗制骚,讽兼比兴。炎汉虽盛,而辞人夸毗,诗刺道丧,故兴义销亡。于是赋颂先鸣,故比体云构,纷纭杂遝,信旧章矣。(刘,1982年,1356页)

> 若斯之类,辞赋所先。日用乎比,月忘乎兴。习小而弃大。所以文谢于周人也。(同上书,1365页)

在这里,刘勰对比了诗六义中的"兴"的隐喻技法和"比"的直喻技法,认为由于后者逐渐被用得更多,诗就发生了堕落。按照《古今和歌集》序言的说法,遭到遗忘的"实"就是"兴"的技法,而"花"就是"比"的技法。随着《楚辞》的引入,诗与《诗经》产生裂隙,陷入了辞赋所造成的"侈丽闳衍"的过度修饰之中。

那么怎么办呢?刘勰在《文心雕龙》里也做了和《古今和歌集》编纂者同样的事:

> 盖文心之作也,本乎道,师乎圣,体乎经,酌乎纬,变乎骚。文之枢纽,亦云极矣。(同上书,1924页)

> 而建言修辞,鲜克宗经。是以楚艳汉侈,流弊不还。正末归本,不其懿欤?(同上书,85页)

> 若能凭轼以倚雅颂,悬辔以驭楚篇,酌奇而不失真,玩华而

---

① 关于刘勰,还要指出的一点是他与佛教的关系。因早年丧父,刘勰曾在僧门学习;《文心雕龙》问世之后,经过一段时间的官场生活,刘勰于晚年出家。撇开这种佛教的影响,就无从谈论《文心雕龙》。根本而言,看重刘勰的沈约也研习过佛教;尤其是,他对于"四声八病说"这一诗歌韵律规则的讨论,可以说是通过跟梵语的对比来理解汉语韵律的产物。

不坠其实，则顾盼可以驱辞力，咳唾可以穷文致，亦不复乞灵于长卿，假宠于子渊矣。(同上书,167—168页)

这里举出的文章都同时考量了《诗经》和《楚辞》，意在让《楚辞》不至于变得过度"艳丽"，并由此指向"酌奇而不失真，玩华而不坠其实"的理想。总之，必须要回避辞赋那样的过度修辞。

这个方向和《古今和歌集》序言一致。不过，这里的难题是，刘勰在《诗经》之外，也将《楚辞》视作诗的另一个起源。在这一点上，刘勰不能不迈上更为困难的道路。换言之，哪怕存在诗歌的遗忘，这也不仅要归结于辞赋，因为它同时也是诗的另一个起源《楚辞》所铭刻的遗忘。事态因此变得更为复杂了。

7 起源的颠倒
——"文"造"情"

刘勰正确指出了上述困难的关键之处：

> 昔诗人什篇，为情而造文；辞人赋颂，为文而造情。何以明其然？盖风雅之兴，志思蓄愤，而吟咏情性，以讽其上，此为情而造文也；诸子之徒，心非郁陶，苟驰夸饰，鬻声钓世，此为文而造情也。故为情者要约而写真，为文者淫丽而烦滥。而后之作者，采滥忽真，远弃风雅，近师辞赋；故体情之制日疏，逐文之篇愈盛。(同上书,1158—1162页)

为什么会产生近来堕落的诗？刘勰认为，根本原因在于"为文而造情"。也就是说，《诗经》大序和《古今和歌集》序言置于诗歌自然起源处的"情"，已经不是出于自然的东西，而是出于"鬻声钓世"的考虑，凭借"文"，也就是凭借技术制造出来的东西。从诗本来的过程来说，这就是腐败和颠倒。

如前所述，真名序指出歌为了"荣利"而被制作出来，这一点对应于这里的过程上的颠倒。

不过,"情"因"文"触发,这绝不是偶然之事,也不是单纯要被谴责之事。刘勰所参照的陆机,已经在他的《文赋》中写道:

> 伫中区以玄览,颐情志于典坟。遵四时以叹逝,瞻万物而思纷。悲落叶于劲秋,喜柔条于芳春。心懔懔以怀霜,志眇眇而临云。咏世德之骏烈,诵先人之清芬。游文章之林府,嘉丽藻之彬彬。慨投篇而援笔,聊宣之乎斯文。(陆,2002年,20页)

陆机指出,"志"和"情"等念想和感情受到两类触发:一类是季节、行为、人品等外界的触发;另一类是文章和书本的触发。就此而言,《诗经》大序说到"情动于中,而形于言"的时候,这个"情"就是感于物而生发的东西,而这个"物"不仅是外界之物,也包含"文"。

如此一来,我们或许可以考虑下述可能性:"文"不仅是受自然触发所产生的结果,而且反过来说,**在自然的根源处已经存在着"文"**。外界之物也是一种"文",在我们表达出来的"文"面前,在德里达(Jacques Derrida,1930—2004年)所谓的"书写"面前,存在着使得"书写"得以可能,同时也向着他者敞开的那种"原-文"(archi-écriture,德里达,1972年,120—121页)。至今见到的歌论、诗论、文论,都把技术性起源和社会性起源放在自然起源之后。但是,如果"原-文"是更为古老的起源的话,事情会如何呢?

我认为,假名序讲到"生生万物,付诸歌咏"的时候,已经明白我们的世界已然是由"文"所构成。"物"原本就是"文","自然"原本就是"文"。我们身处这种"文"以扭曲的形式、以自我反省的方式不断循环的世界中。如果万物皆咏歌,就必须接纳这种"文"的条件。

《古今和歌集》真名序也好,刘勰《文心雕龙》也好,都认为为了"荣利"而作诗、由"文"作诗是堕落之极。不过,如果诗歌的可能性条件那里本身就存在"文",那么堕落也就包含在诗歌本身之中了。尽管如此,无论是和歌还是诗,如果全盘接受诗歌的堕落,也就意味着极大地动摇了它们的存在方式。虽然没有必要原封不动地承认诗歌的讽喻作用,但如果不承认诗歌的某种规范性,就会陷入极端的诗歌相对主义,反而对诗歌造成损害。那么,在这里得以留存下来的是什么呢?为了考察这一点,我想谈一下"情"和"礼"。

8 "情"与"礼"

在中国的概念里,"情"的概念颇为复杂:一方面,"情"指的是感情和情绪等,即人的念想;另一方面,它指的也是事情、实情、情况等,即事物的实际存在方式。而且这两层意思互为一体、不可分割,使得"情"的概念非常丰富。

不过,要把握"情"的丰富性实属不易。在日语的环境下尤其困难,因为关于"情",日语里使用的语词几乎和汉语一样。在此,我们想要求助于翻译(这里指的是西欧语汇),希望翻译能带来阐明和救赎。如前所述,这也正是真名序和假名序以其独特方式所做的事情。

我首先要参考的是法兰西公学院程艾蓝(Anne Cheng)教授的翻译(她以一己之力撰写了西欧语言中第一本关于中国思想的真正意义上的通史,即《中国思想史》)。一方面,她把"情"翻译为émotion 或 sentiment,显示了这个语汇带有的人的情绪性存在方式。不过,"情"这个词并不限定于此。程艾蓝写道:

> "心"这个词同时指涉精神和心。在孟子看来,"心"是人类独有的感受性的形式,不仅作为感知、欲望、意愿而运作,也作为对于感知之物、欲望之物、意愿之物的思考而运作。有意思的是,欧洲人习惯于区分作为纯粹思考之所在的"头"和作为感情与情念之所在的"心",而与之相对,这里的"心"则同时是"知"与"情"的器官。(程艾蓝,2010年,162页)

这里直接讨论的是"心"这个词,而重要的是,在汉语语汇中,"知"与"情"并不构成二元对立,"知"恰恰因扎根于"情"而成立。而且,这里的"情"不单单是感情,而是在更宽泛的意义上指涉人的存在方式,即人作为人这一事物而在身体的意义上存在着。在这一点上,程艾蓝非常正确地把广义的"情"翻译为 caractéristiques intrinsèques(本来的特性)。这样一来就很好地把握了"情"的特性——"情"既包含 émotion 和 sentiment,也在更宽泛的意义上指涉人的本质性存在方式。

正因如此,在中国思想中,如何控制"情"、如何实现人的理想存在方式,就是重要问题。比起将感情作为次要、低劣之物进行排除的思想,这是非常值得玩味的问题,并且,这个问题贯穿整个中国思想史,虽然概念体系时有变化,但对这个问题的追问持续不断。这种可称为"原点"的思考,可见于孔子那里对礼的讨论。程艾蓝写道:

> 因此,礼的作用是,使人类集团和属于人类集团的不同人都变得具有人性。这么说是因为,最为本能的感情(爱情、憎恶、苦恼等)只有在人们为之赋予某种意义时——换言之,只有在人们将它们礼仪化之时——才恰如其分地变成人性的感情(这一点也可见于孩童在出生后的成长过程中:对幼儿来说,某项行为具有意义,是在它被礼仪化之后产生的)。(同上书,56页)

礼为人类社会建立规范。但这种规范的基础是"情",它是一种"弱规范",与其说它像在西欧式规范那里往往作为前提的、作出绝对规范之命令的"定言令式",不如说它属于作出有条件性规范之命令的"假言令式"。因此,它经常受到的批评是,这使得本应是理性的规范受到了感情的削弱。① 不过,礼并不是原封不动地肯定情,而是让情产生变化,意在实现人所应有的存在方式。因此,礼始终存在于礼仪化的过程之中。换言之,支撑礼之普遍性的(不是客观性的普遍性,而是主观性的普遍性),不是单纯的自我中心式的情,而是

---

① 例如,《论语·子路》中直躬的故事就是典型。叶公跟孔子说,我的村里有正直之士躬,自己父亲偷了羊,躬作为儿子去把父亲告了。听了这个话之后,孔子反驳说,我村里的正直之士可不是这样。"父为子隐,子为父隐,直在其中矣。"对于这个论辩,一直有批判意见认为感情动摇了规范;不过,近年来也出现了积极的评价,认为这个论辩反而可以促使现代西方的伦理发生改变。参见郭齐勇主编《儒家伦理争鸣集——以"亲亲互隐"为中心》,湖北教育出版社,2004年。

人性化了的情。

为理解这一点,必须超越 émotion 或 sentiment 来翻译"情"。因此,程艾蓝的 caractéristiques intrinsèques(本来的特性)就为我们提供了关键线索。

9 "仿佛"

关于"情"与"礼",我要参照的另一个论述是哈佛大学普鸣(Michael Puett)教授的论述。普鸣从古代文献解读出发,对于古代中国展开了人类学式研究。在1993年郭店楚简出土的文献之一《性自命出》篇的开头,有这么一段记述:

> 凡人虽有性,心之奠志,待物而后作,待悦而后行,待习而后奠。喜怒哀悲之气,性也。及其见于外,则物取之也。性自命出,命自天降。道始于情,情生于性。(荆门市博物馆,1998年,179页)

我们完全可以把这一记述当作迄今为止见到的诗论来读。其中谈论的是"心""志"如何"奠"的过程。普鸣提到其中所谓"喜怒哀悲之气,性也。及其见于外,则物取之也",然后写道:

> 事物相互之间反应的方式,取决于各自的情(性向性的[情感性的=配置性的]反应 dispositional responsiveness)。说到人,人的这种情就基于喜怒哀乐之气。(Puett, 2010, p.57)

值得注意的是,普鸣在此把"情"翻译为"性向性的[情感性的=配置性的]反应 dispositional responsiveness"。普鸣正确认识到,"情"对于事物存在方式的规定,是将事物放在与其他事物的关系性和反应性之中进行的;在此前提下,这一点放在人身上,就可以认为,人的存在方式取决于喜怒哀乐这些感情的能量(气)。

在这里,disposition 这个翻译扮演了重要角色。本来这个词的意思是几个要素形成的配置,而如果说的是事物存在方式取决于事物内部要素的配置,那么这个词就能很好地表现下面这一点,即事物的存在方式是在与其他事物的关系中得到规定的。此外,disposition 也可以指人的性质,尤其指以感情为基础的人的身体性存在方式。

那么,这种作为 disposition 的"情"如何与"礼"的规范发生关联?普鸣认为,这个问题恰恰对于《性自命出》乃至古代中国的所有文献而言都很重要。他对此给出了下述回答:

> 人在应对状况时,这种应对的某些部分在之后会被视作范例,进而上升为礼。礼是下一个世代加以重复、以之进行自我训练、对自身在感情上的应对方式进行磨炼的事物。(同上书,58 页)

> 礼来自感情。它是被视作范例的应对,也能训练下一个世代,并促使感情模式的形成。(同上书,59 页)

> 由于既定之礼无法完美适应所有状况,礼就无法给予我们完全的指引。毋宁说,礼的重要性在于,它训练我们的感情,在事物往往以贫瘠的方式相互作用的不连续世界中,礼可以让我们更好地生活,创造相互作用的更好形式。(同上书,62—63 页)

在普鸣看来,礼是人处于分裂和碎片化状况下作为应对而创造的规范,"情"在这一过程中得到模式化。因此,礼不是"完美适应所有状况"、具有客观性和普遍性的法律规范,而是因状况而得到重新考量、变形,不断被调整以始终能够恰切应对状况的一种规范。

在原题为《道》的近著中,普鸣关于这一点重新论述如下:

> 在孔子看来,祖先祭祀为祭祖之人带来效果,因而不可疏忽。仪礼行为是否真的会影响死者,这个问题毫无意义。因为家族供奉祭品的必要性来自下面这一点:通过祖先**仿佛**在那里而行事,家族内部会产生变化。(Puett & Cross-Loh,2016 年,51 页)

不存在凌驾于人生脉络和复杂性之上的伦理性、道德性框架。存在的只有繁杂的现实世界，我们只能在这个世界中努力磨炼自己。普普通通的"仿佛"之礼，正是想象新的现实、积年累月构筑新世界的手段。人生始于日常、终于日常。只有在这种日常之中，才能开始构筑真正精彩的世界。（同上书，76页）

《论语·八佾》所谓"祭如在，祭神如神在"，就是这里提到的孔子的祖先祭祀。普鸣所说的"仿佛"之礼，创造出了一种戏剧空间，将人们暂时分离于现实世界，通过扮演另一种角色而让自己的行动模式发生变化。这会为现实世界带来某种效果，促使建立更好的关系性。因此，问题不在于祖先之神是否实际存在；重要的是，在假定法中**仿佛**祖先之神存在一般来祭祖。

普鸣认为，这种"仿佛"的礼中，不仅包含了祖先祭祀，而且包含了摸瞎子游戏、"谢谢"和"爱你"等语言交流。这就是说，礼的规范非常细微。我们往往习惯于想要凭借强力规范一举改变世界，不过，事情并不是这样的。礼作为弱规范而作用于情，凭借发挥"仿佛"的想象力，通过引入戏剧空间或文学空间，试图实现世界中的善。

让我们重新回到歌论和诗论。发生于"情"（这里已经加入了"文"）的歌和诗要想具有规范性，上述"仿佛"之礼的过程就不可或缺。歌和诗必须打开某个作为"仿佛"而存在的文学空间。

10 再论《古今和歌集》

在此，让我们重新回到《古今和歌集》。《古今和歌集》和歌的全体，始于卷一"春上"。这里说的是春天的开始。看一下开头的两首歌，就会发现这里歌咏的是非常有技巧性的"开始"：

旧新年春歌

在原元方

新春入旧年 问春归哪岁咋算 去年或今年

立春歌

纪贯之

浸袖水成冰 今日立春迎东风 风吹冰可融①

人们经常指出,这两首决定《古今和歌集》全体品格的歌,带有很强的技巧性。例如,在原元方所歌咏的有趣现象是,当相同月份在闰年反复的时候,宣告"立春"这一新开端的时间就不是新年,而是年内立春。这也可以说是着眼于纪年所创制的两类"开端"。同样,纪贯之的歌从立春之风的瞬间背后,读出了从夏至冬至春的大型时间运转(小泽、松田,1989 年,31 页;小岛、新井,1994 年,19—20 页)。两者都参考了重叠的时间性,生产了"仿佛"的文学空间。

在此,重要的一点是,对于朴素感情的移入被谨慎地规避了。人们指出,纪贯之思想背后有着《礼记·月令》里的"孟春之月……东风解冻",中国的"文"已经在这首歌的起源处得到了重复。在这里,与其说是单纯地从感物之心与情出发来表现诗文,不如说出现了"物""心""情"还有"歌"和"诗文"交织在一起的嵌套结构。

这个嵌套结构就是《古今和歌集》的文学空间。以多重叠合的时间性为基础的反省性文学空间,达成了和普鸣所谓"养情之礼"相同的功能。在技术=力量的推动下,赤裸的情必须被淬炼为和歌。

这种文学空间得以可能,正是因为面对中国这个压倒性的普遍性,[《古今和歌集》]不是被它收编,而是将它进行翻译并加入普遍性中去;对于《诗经》所体现的普遍性,不是对它进行超克,而是通过翻译来挖掘其可能性,在极限的意义上对它加以利用。若没有这种翻译的张力,文学空间恐怕就无法维系这种"仿佛"。

---

① 译文根据《古今和歌集》,王向远、郭尔雅译,74—75 页。——译者

空海在其壮大的翻译过程中,试图在"声""字""实相"的相互关联中阐明三者;同样,日本歌论(以及中国诗论)也试图阐明世界和语言的相互关联。后者尤其通过引入历史和时间,凭借特殊性而打开了其普遍性。这种特殊性不仅仅是"日本特色"之类的特殊性,更是始终经历着普遍性所要求的批判性考验的特殊性。

在空海和纪贯之之后,对这个问题进行考察的便是本居宣长和夏目漱石。

第三章 本居宣长与夏目漱石的差异

1 日本文化与普遍性

日本文化无法到达普遍性,不是吗?提出这个问题的是加藤周一(1919—2008年)。加藤的结论是,由于日本文化强调生于"此时=此地",因此无法通往"永恒"或"世界"等普遍性。加藤在论述中举出的例子是日语和日本文学。与其所想相反,加藤的这一论述后来反而成了一种文化本质主义话语,使我们很难置身其外。

不过,加藤那里还是存在着例外的。这便是禅那样具备"'当下即永恒''此处即世界'的普遍性工夫"(加藤,2007年,260页)的思想。尽管如此,由于加藤自己没有对此加以充分展开,究竟这是一种什么样的"普遍性工夫",也就不甚明了。① 然而,我认为,如第一章所述,空海在中国和日本之间通过翻译要做的事情,正是这种"普遍性工夫"。而就禅来说,像道元(1200—1253年)那样为日语赋予重担、在与汉语的翻译中进行思考的态度,也与这种"普遍性工夫"有关。② 要言之,追问日本文化的普遍性,无论如何都得牵扯上翻译。这里说的不仅是语言之间的翻译,也涉及不同世界(当下与永恒、这一次元与其他次元)之间的翻译(第二章论述的"仿佛")。本章试图考察本居宣长(1730—1810年)和夏目漱石(1867—1916年),他们

---

① 关于道元的思想如何超越文化本质主义而开启普遍性,参见拙论《超越文化本质主义》。
② 关于道元对日语和汉语的破坏,参见托马斯·卡斯利斯《从中国的禅(Chan)到日本的禅(Zen)——传达中的异文化作用》以及拙论《托马斯·卡斯利斯——细微差异与"纠葛"的实践》。

所面对的问题便是这个与翻译和普遍性有关的问题。

当然,日本文化与普遍性的关系一开始就属于文化本质主义提出的错误问题,人们或许也可以将它作为不值一顾的东西丢弃掉。高山岩男(1905—1993年)在《世界史的哲学》(1942年)中,一方面宣称要向"绝对的普遍性"(高山,2001年,447页)开放,另一方面则在最后总结说,"虽说是普遍性和世界性的世界史,归根结底无法摆脱特殊性"(同上),从而抬高了日本的特殊性,始终有再次落入"大东亚共荣圈"意识形态陷阱的危险,即批判帝国主义的同时又拥护帝国主义。① 我们要对这一点多加留心;同时,我在这里想要考察的是从"在自身外部设想普遍性、将自身规定为特殊性"这一行为中溢出的、对于普遍性的强烈欲望。这种欲望很可能也会破坏文化本质主义的温床。

2 本居宣长
——将日本普遍化

作为"汉籍之趣"的"汉意"

本居宣长在《古今集远镜》(1797年)中尝试把《古今和歌集》译为俗语。近世日本的俗语翻译作为新形式得以流布,《古今和歌集》的俗语翻译尝试也不在少数(田中,2005年,123页)。其中,宣长译文的重要性在于,虽不同于"雅言",但也避开了"过分卑俗、过分随便"的"俗语"。② 如《古今集远镜》开头所说,"此书以今世俗语悉数

---

① 关于"世界史的哲学"的构想和近年来世界史(global history)的关系,参见拙论《东亚现代哲学中有条件的普遍性和世界史》。
② 但丁写作《神曲》之前撰写了《俗语诗论》(1304年),关于与诗的语言相适应的"高贵俗语",他写道:"意大利人的生活中,最为高贵之物的象征不属于意大利任何一个城市,而是所有城市共有的。在这种象征中,人们至今追求的那种俗语得到了辨认,它的芳香遍布所有城市,但它不栖息于任何城市。不过,它的香气在某个城市中比其他城市来得更为浓烈,则是有可能的。"(但丁,1984年,61页)村松真理子阐述了但丁的这种"高贵俗语",认为"这仅仅是从自己的语言那里、从'乳母'那里学来的'自然'语言,而不是对于托斯卡纳语作诗的正当化。他追求的是必须以'更为思辨逻辑式的方法'来探求的东西,是散发芳香而行踪难觅的'豹',也就是理想的美丽野兽,作为理想语言的'高贵俗语'。他将此假定为哪里都不存在,又哪里都存在的共通语言"(村松,2013年,239—240页)。

翻译古今集之歌"（同上书，11页），试图通过俗语翻译来开启新的翻译。①

宣长试图实现的是以往对于《古今和歌集》的注释所未能做到的事情，即"如亲自品尝物之味以了解"（同上书，13页）。换言之，通过俗语翻译，他将《古今和歌集》从"独自一人心胸狷狭地以隐秘私占告终"（同上书，9—10页）的状态那里，也就是从私密性的独占那里解放出来，让人共享其"味"。

这种关于趣味普遍性的问题系，直接关联着宣长的如下思想，即《源氏物语》和歌道所体现的"知物哀"之"味"②，比中国书籍所示的东西具有更高的普遍性。然而，究竟能否发现这种"味"呢？俗语翻译是重要方法，但归根结底，"汉意"已经从根本上构成了日本趣味，不是吗？宣长决没有忘记这种认识。他在《玉胜间》中如此说道：

> 所谓汉意，并不是只就喜欢中国、尊崇中国的风俗人情而言，而是指世人万事都以善恶论，都要讲一通大道理，都受汉籍思想的影响。这种倾向，不仅是读汉籍的人才有，即便一册汉籍都没有读过的人也同样具有。（本居，1968年，48页）③

"汉意"是"汉籍之趣"，是判断善恶是非、规定物之理的规范之源泉。但是，宣长认为，这种"汉籍之趣"已经深深渗透到不读书的人那里。在此，宣长认为必定可以"纯粹地远离汉意，追寻古之真

---

① 宣长特地说到"译"，而关于宣长的这一翻译，田中康二梳理道："第一，翻译如镜子一般映出实体；第二，翻译瞬间取消了时间和空间的阻隔；第三，翻译以分毫不差的精确度如实临摹。"（田中，2005年，129页）

② 在《石上私淑言》中，宣长在区分"知物哀"和"不知物哀"时，引用《伊势物语》与《蜻蛉日记》来解释西行之歌，认为"由此恰可知'知物哀'之味"（本居，2003年，189页）。因此，正确来说，"味"指的不是"物哀"而是"知物哀"。不过宣长之后马上说道"知物哀而歌能出"（同上），并将"知物哀"置于歌的起源处；而在其他地方，从歌的起源在于"物哀"这一点来看，未尝不可以说，"物哀"本身也是一种"味"。

③ 译文根据本居宣长《日本物哀》，王向远译，吉林：吉林出版集团有限公司，2010年，303—304页。——译者

意"(同上书,86页),从而转向了日本古典所应体现的"神之道"(同上书,448页)。不过,这不是针对"汉籍之趣"的普遍性而确立日本古代趣味的特殊性。相反,宣长试图论证的是,相比于"汉籍之趣",日本趣味具有更大的普遍性。

很明显,这与我们之后要论述的漱石所谓"自己本位"非常不同。因为漱石肯定趣味的"地方性",给将英国文学也视作"地方性"的想法留下了余地;与之相对,宣长针对"汉籍之趣"的普遍性,从正面确立日本趣味的普遍性来与其对峙。

尽管如此,宣长的论述本身也绝不简单。让我们以代表日本趣味的"知物哀"为线索,来思考一下这个问题。

"知物哀"——特殊与普遍

探讨《源氏物语》的《紫文要领》,和宣长的《石上私淑言》一道,将"物哀"作为概念提了出来。宣长断言,"大体此物语五十四帖,可以知物哀一言尽之"(本居,2010年,95页),认为"知物哀"是《源氏物语》的核心。

一方面,宣长则将"知物哀"视为某种特殊性:

> 无论《源氏物语》还是和歌之道,都不以宣扬儒佛之道为本意,而以"物哀"为宗旨,如果将物语与和歌视为道德教诫书籍,则完全有悖于物语、和歌之本意。不同的书籍各有其本意,各有其用处,不明白这一点就会将不同性质的书籍混为一谈,徒添蒙昧、徒增混乱。儒教有儒教的本意,佛教有佛教的本意,物语有物语的本意,将这些加以混同、一概而论,就会胶柱鼓瑟、牵强附会。(同上书,182页)①

针对"儒佛之道"这种大写的道、普遍性的道,以"物哀"为本意的物语和歌道具有别样的特殊之道,不是吗? 宣长也将此称作"大

---

① 译文根据本居宣长《日本物哀》,王向远译,122页。——译者

异其类"(同上书,29页),强调它与"儒佛之道"在类型上的不同。

但另一方面,在宣长那里,"知物哀"也不止于日本趣味,而是具有更大普遍性的事态:

> 像《源氏物语》这样细腻真实地表现世态人情,让人感知物哀的作品,无论和汉还是古今,都是绝无仅有的。孔子若知道有此书,必放下"诗经三百篇",而将此书列入"六经"之中。而了解孔子之意的儒生们,也不会以我的这番话为夸张之言了。(同上书,176页)①

宣长在这里甚至说,如果孔子见到《源氏物语》,应该会用它代替《诗经》。这是因为在让人们深刻了解"物哀"这一点上,"无论和汉还是古今,都是绝无仅有的"。宣长如此论述之时,"知物哀"就已经不再是特殊趣味,而获得了更大的普遍性。然而,这究竟何以可能?宣长说道:

> 人心这种东西,实则无论是谁,都是笨拙不成熟的。隐藏这一点后看似贤能,但真正探索人的内心世界,其实任何人都像是一个脆弱的孩子或女性。异朝之书将人心的这些根本的东西隐而不表,只表现和描写那些堂而皇之的、表面的、贤能的东西。而我国的物语,如实描写出真的内心,所以看上去脆弱而稚拙。(同上书,50—51页)②

作为"异朝之书"的汉籍隐藏"真的内心","对待人物喜欢严格论定其善恶是非,喜欢讲大道理"(同上书,50页)③,如此而已。与之相对,《源氏物语》凭借"知物哀"而"如是描写出真的内心"。在同时期撰写的《石上私淑言》里,宣长进一步对"物哀"的普遍性进行了强有力的论辩:

---

① 译文根据本居宣长《日本物哀》,王向远译,118页。——译者
② 译文根据本居宣长《日本物哀》,王向远译,35页;略有改动。——译者
③ 译文根据本居宣长《日本物哀》,王向远译,34页。——译者

> 根本而言,人之情皆因事而感而动,此皆为哀。故人情深切所感,皆谓之物哀。(本居,2003年,188页)

但是,如果感于情而生"物哀",不就和本书第二章所引《诗经》大序的论述相差无几了吗?我将相关段落重新引用如下:

> 诗者,志之所之也。在心为志,发言为诗。情动于中,而形于言。言之不足,故嗟叹之。嗟叹之不足,故永歌之。永歌之不足,不知手之舞之,足之蹈之也。
>
> 情发于声,声成文,谓之音。治世之音安以乐,其政和。乱世之音怨以怒,其政乖。亡国之音哀以思,其民困。
>
> 故正得失,动天地,感鬼神,莫近于诗。先王以是经夫妇,成孝敬,厚人伦,美教化,移风俗。(《诗经》大序)

重要的是,宣长恰恰将这里的"嗟叹"翻译为"哀"(本居,2003年,179—180页),而且,这一翻译完全不是次要的事情,而是试图凌驾于翻译对象的翻译。不过,如果止步于此的话,最终就只好收敛于《诗经》大序对于诗的定义了。这么说是因为无论宣长主张"儒佛之道"过分强调"劝善惩恶""教诫之道"也罢,还是试图将它和"知物哀"区别开来也罢(本居,2010年,65—66,181—182页),既然《诗经》大序本身在这一阶段尚未将"劝善惩恶""教诫之道"包括进诗之中,宣长似乎就不能将他的论述推进到底。

而且,归根结底,将日本趣味普遍化的困难,也是宣长引以为据的《古今和歌集》序言所处理的问题。宣长如何继承纪贯之等人的追问呢?

"てにをは"这种"微妙的浓淡和调子"

《古今和歌集》序言通过引入历史和技术=力量,与普遍性产生了关联;与之相对,宣长试图做的是,在引入作为和歌之奠基的"知物哀"这一日本式趣味并将它普遍化的同时,思考日语那里感受到的——用夏目漱石《文学评论》的话来说——"微妙的浓淡和调子"

(夏目,1995年,第十五卷,47页)。

关于前者,上文已经有所论及,不过我想将它和宣长对于《古今和歌集》序言开头的解释相对照,进行再次确认。《石上私淑言》写道:

> 问:所谓"知物哀",是指何而言呢?
>
> 答:《古今集·序》云:"倭歌,以人心为种,由万语千言而成。"所谓"心",就是感知"物哀"之心。接着又云:"人生在世,诸事繁杂,心有所思,眼有所见,耳有所闻,必有所言。"所谓"心有所思",也是指"知物哀"之心。"以人心为种",是为提纲挈领之语,然后作具体解释。同样的,《真名序》所云"思虑易迁,哀乐相伴",说的也是"知物哀"。(本居,2003年,176—177页)①

很显然,宣长在这里将《古今和歌集》序言开头置换为"知物哀",并将之普遍化,也可以认为,这表明宣长继承了纪贯之等人那里对于普遍性的努力。

那么,关于后者,也即日语所具有的"微妙的浓淡和调子",情况如何呢?关于这个问题,值得注意的是,《石上私淑言》为了给和歌奠定基础,对一些日语表达进行了语义上的系谱学探究。不仅是"哀(阿波礼)",宣长还详细探讨了"歌(于多)""歌咏(于多布)"以及与和歌有关的"倭歌"和"ヤマト(夜麻登)"等语词的意义。

不过,更重要的是,在这些实词(名词和动词)之上,宣长专注的是"てにをは"②。其一端可见于《紫文要领》。下面是对《源氏物语》第二十五帖"萤"中所谓"虽然同是大和国的东西,古今也应该有所不同"的注释:

> 有人注释为"同是大和国的东西(ことなれば)",兹不采纳。有的版本写作"ことなれば",如果是"ば",就不符合日语

---

① 译文根据本居宣长《日本物哀》,王向远译,144—145页。——译者
② "てにをは"是包括日语助词、助动词、词尾、接尾词等在内的总称。——译者

助词用法。这是抄写时的舛误,如不是舛误,则"ば"不可理解。(本居,2010年,51页)①

的确,诸本支持的是"ことなれば",但宣长在此诉诸日语助词的用法,坚持认为应记作"ことなれど"。因为对于宣长而言,"てにをは"这种"微妙的浓淡和调子"不是附属性的问题,而正是歌论的核心问题。

对此,菅野觉名指出,宣长"着眼于迄今为止被忽略的非名词性世界,具体而言便是雅言(无用的语言)体系的附属语体系"(菅野,2004年,232页)。

> 然而,尽管作出了扩充的尝试,儒教概念体系的粗疏也是一个不可忽视的本质因素。归根结底,这一点与儒教语言作为汉语(汉文)这一外语有关;要言之,如徂徕认识到的那样,儒教体系的基本限制在于,它是一个名(名词或实词)的体系。例如,在汉语里虽然有"矣""兮"等带有微妙感觉的语汇来表达情感,但在汉文训读那里,这些语词显然作为形式性的语气助词被舍弃了。……
>
> 物哀论不断强调与儒教式教诫的区别,正是与这一点有关。物哀的领域和与行为相关的意义(名词和实词的领域)之间,并没有直接的(道理上的)联系。不过,这是在效用性语境下生活的人们(行为人)的基本存在方式。从名(实)词那里脱落的、在事物的意义产生之前所带有的原本的感触,在宣长那里作为无用之词文受到了关注。(同上书,231—232页)

菅野由此认为,宣长作为近世人,通过"带有微妙感觉的表达情感的语汇",即通过附属语,"试图真正把握实在的东西"(同上书,230页)。不过,问题在此前提下就成了:宣长通过结合"物哀论"和"てにをは",结果为日本和日语赋予了特权。而且,这一点到了之

---

① 译文根据本居宣长《日本物哀》,王向远译,35页;略有改动。——译者

后的《古事记》解释中变得愈发明显,而事实上种子在宣长治学最初时期就已经埋下了。

"趣味的普遍性"

在京都游学时代,年轻的宣长深受二条派歌学影响,撰写了最初的歌论《排芦小船》。宣长在里面如此论述道:

> 和歌最重视的便是"てにをは"。不仅和歌如此,我国一切语言大体皆因"てにをは"而差异分明。我国语言优于万国、明晰详细者,其有"てにをは"故也。异国语言无"てにをは",故其明晰详细不及我国。(本居,2003年,87页)

这里有着文化本质主义的原型。而且,由于宣长意识到了无法被还原为加藤周一所谓"此时=此地"的别样时间性和空间性,他的文化本质主义也更为洗练。

但是,宣长将基于"てにをは"的日语特权化,让日语保持特殊性的同时将它普遍化,用漱石的话来说,这种做法只会陷入"错误的结论"。那么,如何才能将宣长试图开启的日本式"趣味的普遍性"从这一陷阱中解救出来,并将它与普遍性的要求进行调和?以下,我希望一边探讨夏目漱石的挑战,一边思考当今的"趣味的普遍性"问题。这不仅要把"物哀"和中国的"情"和"感动"的诗学或英国文学那里的"感情"讨论加以对照,而且要求对"物哀"内部的差异保持敏感。换言之,也就是要探索"趣味"本身可能产生的变化。

3 夏目漱石
——由关系性产生的普遍

用科学与哲学为文学奠基的失败

夏目漱石对于普遍性的态度非常复杂。众所周知,在《文学论》(1907年)中的一节里,年少时期学习汉籍的漱石,感到"于冥冥之中也从'左国史汉'里隐约感悟出了文学究竟是什么"(夏目,1995年,第十四卷,7页),以"英国文学亦应如此"①的想法阅读英国文学,却在那里发现了根本不同的某种东西。于是,漱石最终认识到,"汉学中的所谓文学与英语中的所谓文学,最终是不能划归为同一定义之下的不同种类的东西"(同上书,8页)②。结果,漱石对于文学是什么完全搞不懂了,陷入了一筹莫展的境地。在那之后,如《我的个人主义》(1914年)所说,在帝国大学学了三年英国文学后,漱石处于下述状态:

> 总之学了三年,终于也未能弄懂文学。可以说,我的烦闷首先来源于此罢。(夏目,1995年,第16卷,591页)

不懂文学这个状态从大学毕业开始教书的时期,一直持续到之后伦敦留学时期,始终侵蚀着漱石的精神。当这个状态达到极限时,寄宿于伦敦的漱石终于作出了决断。这个决断也就是"根本上自己来确立"文学的"概念"。

> 此时我初次领悟到,在"文学是什么"的问题上,我的拯救之道只能是根本上自己来确立文学的概念。我逐渐意识到,至今为止全仰仗他人,如无根之浮萍,在那里随意漂浮,这是不行的。(同上书,593页)

通过"仰仗他人"来面对文学,因而只是在四周"随意漂浮"的漱石,在此决定立足于"自我本位","夯实自己对于文艺的立场"。这个时候,漱石所采取的方式是诉诸科学和哲学,而非文学,由此试图为文学奠定普遍性的基础。

> 从此,我为了夯实自己对于文艺的立场,或比起夯实,毋宁说建立新的立场,便开始阅读和文艺完全无关的书籍。一言以

---

① 译文根据夏目漱石《文学论》,王向远译,上海:上海译文出版社,2006年,4页。——译者
② 译文根据夏目漱石《文学论》,王向远译,4—5页。——译者

蔽之,终于想到"自我本位"这四个字,为了确证这种自我本位,便开始埋头进行科学研究和哲学思索。(同上书,595页)

这一成果便是《文学论》(1907年),其中包含了许多当时被认为是普遍性学问的科学论述和哲学论述;通过探讨文学性内容的形式如何从感觉和意识出发而得到科学性的确立,漱石尝试为文学赋予普遍性的基础。然而,对漱石来说,这不过是一部失败之作:

> 我写的文学论与其说是一份纪念,毋宁说是失败的骸骨。而且是畸形儿的骸骨。或者说,是一个未能很好建成就遭到地震、化为废墟的城市。(同上书,596页)

为什么失败了?关键在于,漱石试图凭借并非文学的科学和哲学来为文学奠定基础。毋宁说,真正更有必要的事情是,从文学内部来为文学进行普遍性的奠基。漱石离开《文学论》后走的就是这一方向,并写下了《文学评论》(1909年)。

趣味的普遍性

漱石在《文学评论》中处理了评论或批评的问题,并且,作为复数的文学批评之间"必然的暗合"(夏目,1995年,第十五卷,40页)的成立条件,"趣味的普遍性"或"趣味的普遍"(同上)就不可或缺。"在文学上,可以说对于某一作品,欧洲人和东洋人都会同有所感"(同上)的前提是,"必须假定趣味的普遍性"(同上)。由于这一点在"去年的讲义"《文学论》中"没时间讲",于是放到这里论述(同上书,40—41页)。

"趣味的普遍性"不同于科学和哲学,并非到处都能成立的东西,而只在一些地方成立;而且,这种"趣味的普遍性"尤其"在研究外国文学的时候,带有比普遍性更为重大的使命"(同上书,42页)。如果获得了"趣味的普遍性","我们对外语写成的书籍也能作出较为独立的判断,能以相当的信念来反过来向外国人要求必然的暗合"(同上)。

这一论述中值得注意的是,作为普遍性由以确立的趣味(判断)对象,漱石区别了"材料本身"和"材料与材料的关系配置情况",并将重点放在后一点上:

> 这种普遍性的趣味指的不是别的,就是从文学书所使用材料的延续消长而来的趣味。之前谈到的趣味,是针对材料本身而言的;这里所谓趣味,则是将材料本身放在一边,而从材料与材料的关系配置状况而来。(同上)

换言之,为了将对于文学的"自我本位"趣味(判断)普遍化,漱石把构成文学的材料本身悬置起来,聚焦于材料之间的关系问题上。这是《文学论》向《文学评论》过渡的重要意义。由此,漱石避开了那种以质的差异为前提、认定"只有英国人才能特权性地理解英国文学"的态度——虽然程度有别,但外国人也可以对英国文学作出普遍性的判断:

> 不过,由这种材料的相互关系所产生的趣味,因为相对而言不受土地人情风俗约束,故具有普遍性;虽因人而有高下之差别,种类之差别则殆无。既然这是唯一的趣味,那么只要具备生于外国的日本人也能恰当发展的趣味,就能以此为标准而让外国人接受和信服。所以,且不论必然的暗合,即便是在完全相反的场合,这种重要的趣味也能判断我为正确而对方为错误。(同上书,44—45页)

如此这般,通过为事物与事物的关系性而非事物本身设定趣味(判断)[①],漱石终于有权将汉文学和英国文学这两种完全不同的文学同时视为文学,并在普遍性的意义上探讨它们。

语言作为通往普遍性的"障碍"

尽管如此,即便引入关系性,趣味也在相当程度上留有并非普

---

① 参见第一章空海《声字实相义》关于"声""字""实相"的相互关联的论述。

遍的倾向,不是吗？漱石也说:"趣味者,虽部分具有普遍性,从全体而言则是地方性的"(同上书,50页);他承认,"地方性的意思是,其成立与其社会所固有之历史、社会性传说、特别的制度、风俗相关"(同上)。

不过,漱石认为,正因如此,应该将"地方性"趣味确立为"吾人之标准"(同上书,51页);一经确立,像刚才所说的那样,既然可以就事物与事物之间的关系作出判断,这就带有充分的普遍性了。这并不意味着漱石拘泥于"地方性"趣味。因为在漱石看来,趣味归根结底不是文化本质主义式的东西,而是历史性地构成、碰巧存在于当今状态的东西,它可以随着"交通"的发展而在更为普遍的意义上得到统一:

> 当然,随着交通的频繁、人们相互间逐渐气脉相通,这种趣味也会倾向于统一,倾向于变得普遍。英国、法国、德国等欧洲各国,在一般的趣味上已经受到这种普遍性力量的作用,这是无可怀疑的事实。日本也会随着与外国的交际而不断受到这种普遍性力量的作用。(同上书,50页)

漱石运用"趣味之差"或"趣味之推移"(同上书,54页)等表述,不仅着眼于材料间的关系,而且着眼于趣味间的关系,由此带上了将趣味的固定性进行相对化的目光。漱石始终致力于由关系性通往普遍性。

不过,就这种迈向普遍性的态度而言,存在着漱石所设想的一大"障碍",也就是语言:

> 尤其就外国的文学批评而言,此外还有一个障碍,即**语言**。所谓语言,说的不是日语和英语在结构上不同、在语法上有异等等。语言有着意义的微妙(delicate shade of meaning),或附着着一种调子。(同上书,46页)

漱石考察的不是语言的结构或语法上的差异,而是语言中感到的"微妙的浓淡和调子"(同上书,47页)。如果问题是对于日本俳句和英国文学的"微妙的浓淡和调子"感觉是否敏锐,那么人们往往会认为,日本人对日本文学、英国人对英国文学更有感觉。然而,漱石反驳说,这是"错误的结论"(同上书,48页)。因为就这个意义上的"语言相异之障碍"(同上书,49页)而言,根本没有必要提出"趣味的普遍性"。在这一点上,漱石和宣长的"てにをは"论形成了尖锐的对立。

然后,漱石关于面对外国文学的态度,提出了两个方法:

> 那么,我们以批评性鉴赏之态度面对外国文学时,如何是好?余以为有二法。其一,不在意语言之障碍,不论明了与否,不论是否合乎西洋人之意见,大胆以自身对作品之所感而进行分析。此法实为大胆放肆,同时也自然正直,能产生无虚伪的批评。(同上书,49—50页)

> 关于批评性鉴赏之态度,另一方法为从诸书中采集西洋人对本国作品之感想及分析,将之陈列于诸君之前以供参考。此非自己之所感,而为他人之所感。他人对某文学作品之所感并非自己之所感,但为养成或比较自己之所感,可以为重要参考。(同上书,53页)

一个方法是无视"语言之障碍",基于"自身本位"而迈向"趣味的普遍性";另一个方法则是通过探讨西洋人的趣味与趣味之关系而迈向"趣味的普遍性"。无论采取哪个方法,漱石都试图通过关系性来触及普遍性,而绝不是确立日语和日本文化之本质,绝不是相对于普遍性而坚持特殊性。如果使得这种关系性得以成立的条件是翻译,那么或许可以认为,漱石试图以"翻译"而非"本质"为基础(趣味与趣味的关系,趣味本身也是关系),来构想普遍性。

当然,无论是宣长还是之前的纪贯之,都对翻译和普遍性问题作了不懈的思考,所以单单说"翻译"还是不够的。漱石的可能性在于,他准确看到:作为翻译的一方面的基础,日本式趣味(以及日语)

本身发生着变化,而且其他国家的趣味也会不断变化。思考特殊性和普遍性的时候,尽管某种本质在假设的意义上肯定会登场,但要做的不是将它固定化,而恰恰是将它置于变化的过程中——在今天,这将成为我们向普遍性自我开放的重要指引。

第三章 本居宣长与夏目漱石的差异

第二部分

现代语境下作为思想的语言(1)
——救赎的场所

第二部分考察的是现代语境下作为思想的语言。在现代,国民语言和国民文学得以成立,世俗化过程得以展开,人们很难原封不动地沿袭前现代的宗教性救赎。那么,应该如何思考现代语境下的救赎,尤其是应该诉诸何种语言来思考这个问题?我尝试通过本雅明、竹内好、户坂润、内村鉴三等边缘性思想家的观点进行思考。

第四章从本雅明、竹内、户坂的三角出发,讨论作为救赎的翻译。对本雅明来说,翻译是对于无法言说之事物和决定性地逝去了的过去的救赎。然而,这种弥赛亚式的救赎在现代语境下仍然可能吗?为此,我们必须找到用其他方式谈论历史的新语言。竹内通过翻译鲁迅也思考了同样的问题,并将它放在自己的终末论的展开之中。此时竹内所参照的一个人便是唯物论者户坂润。户坂也以非常类似本雅明的方式进行思考,他在时间中铭刻下印记,试图将它作为"时代"而从时间中提取和救赎出来。这个时候,户坂一方面将时代作为具有独特性的东西而予以结晶,同时也提出了"在世界的意义上进行翻译"的要求。为什么要提出这种要求?因为对于户坂而言,这正是他对于日本法西斯主义的抵抗。

第五章考察了内村鉴三和他的"日本式基督教"。这是日本化了的基督教,还是在日本(尤其通过传教士)展开的基督教?都不是。内村的基督教是经由日本经验而被更大地普遍化了的基督教。在此,内村那里作为思想的语言,其背后的支撑是《圣经》这种"文"。内村的这种思想将在其后横跨东亚,与中国和韩国的话语产生共鸣。

第四章　如何为时代画上切线
——本雅明、竹内好、户坂润

1 作为救赎的翻译
——本雅明

漱石通过外国文学来考察趣味与趣味之关系；宣长将"物哀"与"汉意"对置起来，问题往往都关乎翻译。在此，我想从别的角度思考这种翻译。

首先，"翻译"这个概念指的是什么？就像这里提到的两个人所言，翻译不仅仅是通常认为的从某种语言向别种语言（或同一门语言内部）的置换。翻译探讨的是某个世界与其他世界的关系，并由此为这个世界带来某种善好。

我想提到，瓦尔特·本雅明（Walter Benjamin，1892—1940 年）在《论本体语言及人类语言》（1916 年）中指出，一切事物都参与到语言之中，而人类的独特劳作在于为事物赋予名称，也就是"将事物的语言翻译为人类语言"（本雅明，1995 年，26 页）。本雅明认为，翻译通过赋予事物名称而倾听事物的无声之声——事物［始终］试图传达自我。通过这个惊人的定义，翻译超越了复数的自然语言间关系，延伸至人类与事物的关系。①

---

① 森田团在对于本雅明《论本体语言及人类语言》的解读中，强调了将语言理解为"媒介（medium）"的方向。森田指出，"进行传达的语言和被传达的精神性内容在原则上变得没有区别"（森田，2011 年，89 页），"在名称那里传达自身的精神性本质就是语言"（同上书，90 页），并进一步展开说："可以说，正是名称总括了自然和人类的关系，赋予了两者关系的可能性"（同上），"在所谓名称那里，不存在个体与普遍的分离。或者说，作为普遍性的名称才是实在"（同上书，91 页），由此确立了这个问题在本雅明思考轨迹中的位置。

而且,这种为事物赋予名称=翻译的劳作,便是一般意义上的人类的存在理由:

> 正是为了拯救这个自然,与通常人们认为的不同,自然中存在着的不仅是孤身一人的诗人,而且是**一般意义上的人类**的生命和语言。(同上书,33页)

要言之,本雅明认为,翻译是人类语言的存在方式,是为事物赋予名称、将事物予以拯救的劳作。

在这种独特的翻译论=语言论中,回荡着本雅明经常提及的、被称作"北方博士"的反启蒙哲人约翰·格奥尔格·哈曼(Johann Georg Hamann,1730—1788年)的语言论。哈曼在《美学提要》中如此说道:

> "说话吧,这样我能看到你。"——这个愿望因创造得以实现。创造就是通过被造物而向被造物发话。"诚然,这一日将语言向另一日传达,这一夜将知识向另一夜传递。"这一口号迅速波及全国,所有方言那里都听到了这个声音——不过,无论责任存在于哪里(我们的内在或外在),除了极为紊乱的诗句和"诗人切碎的肢体",自然之中没有留下什么为我们所用。学者负责将这些收拾起来,哲学家负责将这些进行解释,诗人负责对这些进行模仿——或更大胆地说,将这些进行组装,这是各人被委任的职分。
>
> 言语就是翻译——从天使的语言向人类语言翻译。这就是说,思想向语言、事物向名称、形象向记号翻译。记号是诗性的,也就是不可译的东西、历史记述性的东西,换言之,即象征性或象形文字式的东西——也可以是哲学性的,也就是特征叙述性的东西。(哈曼,2002年,上,119—121页)

"言语就是翻译。"面对哈曼的这句话,学者、哲学家、诗人要各自做到翻译"委任的职分"。

受到哈曼这种思考的影响,同时也借助于考察现代性的光与影,本雅明没有将他的语言思想奠基于人类中心主义,而是以一切事物对于语言的参与为基础。有意思的是,这种观点和我们迄今为止见到的日本歌论的问题意识相符合。那么,这种语言思想所指向的救赎是什么呢?《译作者的任务》(1923年)如此说道:

> 译作者的任务就是在自己的语言中把纯粹语言从另一种语言的魔咒中解放出来,是通过自己的再创造把囚禁在作品中的语言解放出来。(本雅明,1996,407—408页)①

"纯粹语言"是为自然=事物赋予的名称,它本身已经是翻译和救赎,而本雅明进一步将它翻译为"再创造[语言置换/改作]",试图将它予以救赎。换言之,他试图将"纯粹语言"从特定语言的囚禁状态中解放出来并予以普遍化。

高桥睦郎或许会将这种"译者的任务"称为"歌人"。没错,作为"歌人"的译者要同时进行双重救赎。通过赋予名称的翻译和从特定语言那里解放的翻译。

不过,这种救赎并不容易。译者要对峙的是许多经久不衰的语言和复数的时间性。因此,为了把握这些复数性语言所意向的东西,译者无论如何都要有历史性的感觉。我们已经说过历史在日本歌论那里的重要性,而本雅明也同样探讨了这个问题,并且,他的探讨方式以一种弥赛亚主义为基础,必须要有历时性感觉或对于"历史的弥赛亚式终末"(同上书,398页)的感觉。在《论历史概念[历史哲学论纲]》中,本雅明写道:

> 过去随身带着一份时间的清单,它通过这份时间的清单而被托付给救赎。实际上,过去在人们周围飘荡的空气的轻抚,不也轻轻触及着我们自己吗?我们侧耳倾听的许多声音里,不也混杂着而今沉默之声的回响吗?我们向其求爱的女性,不也有

---

① 译文根据本雅明《启迪》,张旭东、王斑译,北京:生活·读书·新知三联书店,2008年,92页。——译者

着我们无从知晓的姐妹吗？如此一来，过去的人与活着的人之间有一个秘密协议。我们的到来在尘世中的期待之中。同前辈一样，我们也被赋予了一点微弱的救世主[弥赛亚]的力量，这种力量的认领权属于过去。（本雅明，1995年，464页）①

换言之，本雅明指向的救赎，不是在时序的线性时间和历史性那里开启的救赎，而是展现在终末那里、展现在"弥赛亚式时间的碎片混杂其中的'现在时'"（同上书，646页）那里的救赎。

针对本雅明的这种救赎与时间性和历史性的关系，竹峰义和用下述漂亮的表述加以概括：

> 因此，我们可以概括认为，通过将"脆弱"或"转瞬即逝"的契机解读为"复活的寓言"，这种操作使得"现实性"得以产生。凭借这种寓言解读性的操作，被认为处于"凋落"维度的过去次元，和约定好将要被实现的未来次元，一举流入解释者的"此时、此地"之中。对本雅明来说，复数的时间性相互折叠交错，这才是真正的"现实性"，本雅明利用"救赎（Erlösung）"这个弥赛亚主义的术语所指示的，正是因"天使们"的歌声而有如复调一般编织起来的过去、现在与未来的共振的脆弱瞬间。（竹峰，2016年，4—5页）

不过，在现代语境下，这种弥赛亚式的救赎如何可能？在现代语境下，朝向过去的通道已经迷失，迈向未来的想象力则被限制。本雅明的这些问题系也为另一个人所有，即竹内好（1910—1977年）。

2 竹内好
—— 本雅明与户坂润的连接点

竹内好作为鲁迅的译者而为人熟知，而且，竹内好和鲁迅一样，

---

① 译文根据本雅明《启迪》，张旭东、王斑译，266页；略有改动。——译者

都关切终末与救赎的问题。① 1961年,竹内对其盟友武田泰淳(1912—1976年)的《司马迁:史记的世界》(1943年)作出了如下批评:

> 虽然历史有时候看起来停滞,循环的轨道看起来不运动,但内部或许积蓄着不可预测的爆炸力。如果着眼于此,那么重要的也许不仅是持续性,更是革命。假如《司马迁》在动笔的时候设想了一个与持续世界对抗的默示录世界,那么就作品而言,完成度就会更加厚重;我的这种推定并非不恰当吧。当然,这是望蜀了。因为从写作的时期来说,为了对抗当时流行的流动史观或万世一系史观,这部著作已经竭尽全力了。(竹内,1981年,第十二卷,161页)

在1943年的时间点上,泰淳为了对抗"流行的流动史观或万世一系史观"等当时的历史主义,从《史记》中抽取出历史"停滞"的时刻,从项羽和刘邦这"两个太阳"那里看到了世界的复数性中心。不过,虽然竹内在1961年针对泰淳说的是"望蜀",但还是提出了贯通其中的"终末史观"(同上)的要求。这是因为竹内所期待的是一切事物无论巨细的救赎。竹内与从"历史唯物主义"中发现弥赛亚式时间的本雅明几乎有着同样的思考。

在此,让我们重新回到本雅明。本雅明在"历史唯物主义"的语汇下,随着自己死亡的迫近而写下了这样的话——这是上一节提到的《论历史概念[历史哲学论纲]》中的一段话:

> 历史主义理所当然地落入了普遍历史(Universalgeschichte[世界史])的陷阱。唯物主义史学与此不同,在方法上,它比任何学派都更清晰。普遍历史理论连护甲都没有,它的方法七拼八凑,只能纠合起一堆材料去填塞同质而空洞的时间。与此相反,唯物主义的历史写作建立在一种构造原则的基础上。思考

---

① 关于鲁迅与终末论,参见伊藤虎丸《鲁迅与终末论——近代现实主义的成立》。

不仅包含着观念的流动,也包含着观念的梗阻。当思考在一个充满张力和冲突的构造中戛然停止,它就给予这个构造一次震惊,思想由此而结晶为单子。历史唯物主义者只有在作为单子的历史主体中把握这一主体。在这个结构中,他把历史事件的悬置视为一种拯救的标记。换句话说,它是为了被压迫的过去而战斗的一次革命机会,他审度着这个机会,以便把一个特别的时代从同质的历史进程中剥离出来,把一种特别的生活从那个时代中剥离出来,把一篇特别的作品从一生的著述中剥离出来。这种方法的结果是,他一生的著述在那一篇作品中既被保存下来又被勾除掉了,正如在一生的著述中,整个时代既被保存下来又被勾除掉了,而在那个时代中,整个历史流程既被保存下来又被勾除掉了。那些被人历史地领悟了的瞬间是滋养思想的果实,它包含着时间,如同包含着一粒珍贵而无味的种子。(本雅明,1995年,661—662页)①

如这里所述,"唯物主义的历史写作"不单单是历史记述,而且基于"构造原则",他"一生的著述在那一篇作品中既被保存下来又被勾除掉了,正如在一生的著述中,整个时代既被保存下来又被勾除掉了,而在那个时代中,整个历史流程既被保存下来又被勾除掉了"。而且,这正是为了解放"被压抑的过去"。

竹内也做了同样的尝试。具体而言,在作为"1960年的记录"而编辑的《不服从的遗产》(1961年)的"前言"里,竹内将大事件和小事件并置在一起,试图留下将来(恐怕是终末)足兹利用的记录。竹内说自己"想要成为历史的证人",他出于"恐怕会散佚"的考虑,"从堆积如山的破烂"里"挖掘"出"有用之物"并收集起来(竹内,1981年,第九卷,5页)。这与刚才的本雅明在《论历史概念[历史哲学论纲]》中的如下论述遥相呼应:

---

① 译文根据本雅明《启迪》,张旭东、王斑译,275页。——译者

把过去的事件不分主次地记录下来的编年史家依据的是这样一条真理:任何发生过的事情都不应视为历史的弃物。当然,只有被赎救的人才能保有一个完整的、可以援引的过去,也就是说,只有获救的人才能使过去的每一瞬间都成为"今天法庭上的证词"——而这一天就是末日审判。(本雅明,1995年,647页)①

但是,人类得以解放的弥赛亚式的终末,只能通过现在的人们——将过去予以解放的现在的人们——而到来。为此,竹内试图在鞭打"现在"的同时来拯救"传统"、追溯历史。竹内在这个时候指出,为了拯救事件,需要终末论式的历史意识和寓言式的方法。② 这一工作的结晶便是对中国文学尤其是对鲁迅的翻译和解释。但这里我想到的是,在竹内的思想背景里[其实]存在着户坂润(1900—1945年)。例如,竹内的《日本意识形态》(1952年)以如下话语开始:

> 户坂润氏有着《日本意识形态论》的劳作,早已享有名著之誉。我记得自己在战时也热衷阅读了这些表达抵抗姿态的美丽篇章。这个坚持在暗夜中点明火光的敏锐头脑,如果今天还活着的话,或许会重新以思想形态的日本式特质为主题展开分析。日本意识形态如今正以改变了的形态重新复活。(竹内,1980

---

① 译文根据本雅明《启迪》,张旭东、王斑译,266页。——译者
② 顺带一提,寓言(allegory)用《诗经》的概念来说相当于"风(讽喻)"或"兴(隐喻)"。本雅明在《德国悲悼剧的起源》中的"寓言与巴洛克悲悼剧"(1928年)部分里,将此定义为"谈论并非是该事物本身的其他事物"(本雅明,1995年,230页)。并且,有关寓言式方法的历史应用,本雅明写道:"归根结底,从一开始就伴随着不合时宜、哀痛和失败,潜藏在所有这一切背后的历史,其姿态浮现于一种样貌——毋宁说是骷髅的相貌之中。……这是寓言式观点的核心,也是将历史视作历史的受难史的巴洛克现世历史解释的核心。历史只有在凋落的驿站那里才有意义。"(同上书,200—201页)"历史唯物主义"那里的寓言方法,要求洞察"凋落的驿站"这种"死相",剖析贯穿其中的"世界的受难史"。

年,第六卷,3页)

那么,竹内和户坂在思想上如何形成交锋?曾在京都大学师从西田几多郎的户坂,后倾向马克思主义并成立了唯物主义研究会(1932年),刊行了《日本意识形态论》(1935年),展开了他的批判性论述。此后,户坂于1938年因日本治安维持法遭到检举,1945年8月9日死于长野监狱中。竹内提起户坂的时候,试图从中读出的是另一种与世界关联的方式,也就是世界救赎的可能性。

那么,户坂润思想的独特性究竟在哪里?户坂对日本的现代化采取了非常具有批判性的态度,但虽然如此,他也没有朝着美化前现代的方向前进,他始终试图在现代内部思考救赎,而且,这也未必是依赖于马克思主义。一同建立唯物主义研究会的长谷川如是闲的"布尔乔亚自由主义"被户坂视为"非常具有'唯物主义性质'"(户坂,1966年,第二卷,406页);我觉得户坂的唯物主义哲学踏上了独自的道路。

在此,我希望从"翻译"问题出发,对此进行思考。而作为在这之前的准备,我要先探讨一下时间-历史意识、道德、世界、民众等概念。

3 时间的刻纹
—— 时代与日常性的原理

户坂润把时间视作"历史性的时间"加以讨论。这就是说,他不把时间放在意识之中加以思考。在《当代哲学讲义》(1934年)①所收的《日常性的原理和历史性时间》中,户坂警告说:"不能认为,时间大抵首先应属于意识等。"(户坂,1966年,第三卷,96页)这是因为,户坂认为时间不是在意识那里,而应在历史那里获得其原理。对于以康德哲学为基础撰写有关空间论的毕业论文的户坂来说,这种时间论是一大转换。

---

① 旧版题为《当代所需的哲学》,出版于1933年。

为明确这一点,户坂区别了"时"与"时间"。"时"是"永恒的影子",将此作为问题的是"意识中的现象学式时间"(同上书,97页)。与之相对,"时间"带有"刻纹",这里存在自然科学时间和历史性时间这两种类型。其中,自然科学进行的"时间铭刻"是等质性的,仅仅是随意作出的:

> 夸张刻纹本身的结果是,自然科学那里时间的刻纹反而成了时间刻纹的反面。也就是说,刻纹成了**外部的**、**偶然的**东西,变得与时间的**内容**无关。——这就是所谓时间的量化和空间化的实情。(同上书,97页)

不同于将时间空间化的自然科学,历史性时间基于"时间的**内容**"而刻下印记。户坂将这一刻纹定义为"时代划分(Epoche)",将铭刻的时间定义为"时代(Zeit)"(同上书,98页)。既然历史性时间的刻纹来自内容,那么"时代划分"和"时代"应该都具有特定的"性格"(同上)。

那么,构成时代性格的内容是什么?户坂的回答是,这种内容首先就是"政治",然后他用了"物质生产关系或生产力"和"阶级"等不同的概念来替换(同上书,99页)。不过,这些答案如果止步于此的话,那就不过是"**唯物史观的公式**"(同上书,104页),户坂对此无法满足。户坂的独特性在于,他发现了和这些答案"在逻辑上等值"(同上)的另一个概念,即"日常性的原理":

> 我们所生活的是历史性时间中的现在,"现在"这个时代,确切而言就是**当代**。——我们生活在当代,这件事当然没有讲出什么新东西。不过我想说的是,这一当代是根据历史性时间的刻纹而浮现出来的**时代**。当代具有**有限的**(既非无限小,也非无限大)长度,但这种长度不是一个**常数**,而是历史性时间的性格**函数**,这一点是这个时代的**独特性**。

为什么是**独特**的时代?因为历史性时间整体的重心正在于此;因为这里是历史性时间的性格的集约点和焦点;因为历史性

时间的立体的中心在这里。

读者可以看到，此刻我们为历史性时间赋予的各种规定，只有到这一点上才开始呈现结晶之核。历史性行动甚至是历史记述，都必须以当代作为坐标原点——还有必要拿这当新鲜事来讲吗？

不过重要的是，这种当代能够**随必要性**而伸展收缩。根据不同场合，**当代**可以收缩至**今天**，或收缩至**当下**。尽管如此，这种当下和当代具有相同性质，具有**现在性**——**现实性**。当代所具有的原理性意义，就是今天所具有的原理性意义。这是**今天的原理**——**每日的原理**。

如此，历史性时间就受到"**日常性原理**"的支配。也许每日所持的原理，每一天所持的原理，"每天在重复相同事情的过程中每天又是不同的一天"的原理，稀松平常的同时又绝对不可避免的每日生活的原理，正是在这样的东西中，潜藏着历史性时间的结晶之核，潜藏着历史的**秘密**。——与历史性时间等值的特征，其实就呈现为这种日常性原理。（同上书，101 页）

"日常性原理"中"潜藏着历史的**秘密**"。在此，空海的"法身说法"和"即身成佛"，以及"仿佛"之礼的论述都与之遥相呼应。因为空海认为，真理也即秘密就体现在"此时＝此地"的身体和语言之中，这里蕴藏着救赎一切众生的可能性；同样，"仿佛"之礼的论述也强调日常行为中的文学空间和戏剧空间次元，试图从中发现弱规范之礼的可能性。

回到户坂，从上述引用可以看到，通过刻下印记的介入行为，时间才开始被作为"历史性时间"结晶化，才开始作为"**独特**的时代"而展现出来。如果保持朴素自然的状态，则结晶化无法发生。那么，如何在时间中刻下印记？户坂在此诉诸的是"日常性原理"。如他所述，这种"每天在重复相同事情的过程中每天又是不同的一天"的原理，也正是"差异性反复的原理"。如果"日常性原理"是"相同事物之反复的原理"，那么历史性时间就不会结晶化，反过来说，就算"日常性原理"是"不断变化的原理",结晶化也不会发生。

要言之,户坂独自把握了"日常性原理",通过介入其同一性与差异性的运动,让历史性时间朝向符合期望的方向结晶化。哪怕当时眼前所展开的是法西斯主义,或不如说正因为展现在自己眼前的是法西斯主义,户坂才试图通过介入"日常性原理",通过变更"今天"那里细微的独特点,来改造"历史性时间的性格"并拯救时代。[1]但是,具体而言,这是一种什么样的介入?

4 让历史运动的车轮转动起来
——历史感觉

为了更具体地刻画户坂的这种"实践",我希望回到《意识形态的逻辑学》(1930年)收录的《"性格"概念的理论使命》一文进行讨论。在此,户坂将"性格"概念区别于"个体"和"个性"概念,进而区别于"本质"概念。这一区别的关键在于,有没有"与人的关系":

> 性格的特色是,性格与赋予性格之人的关系,到最后也无法脱离。印刻始终是应当被**给予**的东西。本质概念的目的或理念,体现为切断与人的关系;与之相反,性格概念的目的,体现为直到最后都维系着这种关系。性格是只有在包含与人的关系时方才成立的概念。印刻——被**给予**的印刻——概念正让人注意到这一点。(户坂,1966年,第二卷,8页)

不同于"本质",由关系而来的"性格"是被给予的印刻,因人们介入性的"给予"而成立。一言以蔽之,"性格"是"人的概念"(同上书,9页)。夏目漱石着眼于从关系性中产生的普遍性,试图从"材料与材料的关系配置情况"那里发现"趣味的普遍性";同样,户坂也拒

---

[1] 值得注意的是,哈利·哈鲁图尼恩(Harry Harootunian)把户坂的历史理论和德勒兹与瓜塔利的论述放在一起讨论。这种解读试图阐释既有实践的符号编码并将它重新编码,在给定的当下将它"去地域化"和"再地域化"(哈鲁图尼恩,2007年,上,248页)。

斥本质主义,而以包含关系性的"性格"为线索。

不过,不管是什么人,不是都可以自由地给予印刻吗?户坂所批判的日本意识形态也好,自由主义也好,不也同样可以主张说,自身给予的"事物性格"和"时代性格"才是正确的吗?我们不要忘记,从关系性出发进行的思考,往往会陷入权宜的相对主义。

对此,户坂没有说"事物的性格"可以随意给予,而是强调指出,"事物的性格"受到"历史运动"的规定,进而必须"推进""历史运动"的旋转方向:

> 现在可以说,只有顺着或推进历史运动的车轮之回转的东西,才是性格。与之相反,在逆历史车轮而动的立场那里,性格就失去了。在后一种情况下,性格就走错了方向,那便是非性格的性格。

> 在历史性整体所描绘的历史运动曲线的各个点上,性格被理解为切线。若处于某一点上的同时,也试图追求其他点上所固有的切线的方向,这种性格误解就呈现为**时代错误**。因为时代本身才是代表性整体。只有在每个时代所固有的切线方向上用力,才能使历史运动的车轮最准确而有效地旋转。这种旋转的运作,正取决于各个事物的性格。一切事物都在各个时代的切线方向上获得性格,而时代的这条切线又正被称为**时代性格**。(同上书,12—13页)

为了正确发现"性格",必需的能力是在时代这条曲线的"切线"上发现"历史运动的车轮旋转"。如果没有这种能力,站在"逆历史车轮而动的立场"上,"性格"就会失去,就会仅仅成为"时代错误"。那么,这种能力是什么?户坂将此称为"历史感觉"(同上书,14页):

> 不过,历史感觉指的不是例如对于作为历史学统一体的所谓"历史"的热爱,也不是与神学宇宙论相结合的世界最终目的的信仰,而恰恰是对于历史运动的正常把握能力,并且只有根据实践性和社会性的关切,才能把握这一机能——历史感觉说的

是这样一种感觉。只有靠历史感觉——靠这种正常的实践性和社会性的关切——才能把握时代的性格。洞察并看透时代的历史运动的动力和方向的必然性——它作为社会中的社会现象而展开——才是历史感觉。(同上书,14—15页)

户坂所谓的"历史感觉",不是"对于历史的热爱",也不是对于"世界最终目的的信仰",而是"正常的实践性和社会性的关切"。①

不过,把握具有"正常的实践性和社会性的关切"的"日常性原理",发挥洞察"历史运动"之方向的"历史感觉",决不是轻而易举的事情。一方面,必须要拒绝以"世界最终目的"为前提的目的性,另一方面,这也不能是对时代现状的追认。在目的和现状追认之间,如何让历史转动起来,换言之,如何产生词源学意义上的"革命"?这是户坂的核心问题。

5 道德的理念
——道德论的转变

作为"正常的实践性和社会性的关切"之现场,户坂特意提到了"风俗":

> 虽说是时尚和潮流,也不是单纯的华丽时髦,委婉地说,这是象征着时代、世代或社会阶级的世界观的东西。所以,我们也可以从社会风俗的褶皱、歪斜、蠢动中,敏感地抽取出各个时代思想的呼吸和动作。(户坂,2001年,6页)

在讨论"我也想称之为'作为思想的风俗'"(同上书,7页)的《思想与风俗》(1936年)中,户坂分析了作为"社会现象"的"风俗"(同上书,16页)。② 但是,这不是像社会学所做的那样,"一下子将

---

① 平子友长从这种"历史感觉"中看到了户坂的独特性,道破了其中推动多面体旋转的"切换方向的感觉"(平子,2006年,131页)。

② 本书标题也回响着户坂的这种思考。

社会的某个一般共通症候或现象拎出来,把它视作社会的某种本质性要素"(同上书,17—18页)。因为"从历史唯物主义的方法来说,风俗现象需要方法上的一种次要性操作,这反而是一种高度复杂的现象"(同上书,18页)。因此,为理解"风俗",就必须通过"方法上的一种次要性操作"而分析"风俗"得以可能的条件,也就是分析"社会机构的本质"(同上书,16页)。

那么,这种"操作"是什么呢?它既不是社会学式的,也不是科学式的,而是文学性和道德性的方法:

> 首先,道德(作为文学性范畴的道德)不能离开**自己**(自身、自我、自觉=自我意识)。当对象在道德上(也就是在文学上)成为问题——当然,这一对象是作家或追随作家的读者所见到的对象——这个时候,作家越是具有大众性的、普遍性的眼光,他就越是独特性的"自我"和"我"。

> 这一点谁都了然于心,但这种我和自我在科学性的认识那里却没有发言资格。发言的话,反而只会把这种认识变成狭隘的主观性,丝毫不能使之独特化或深化。因此,道德的特色就在于,能从自我出发而又不堕入主观性。道德是一个人自己的事情,同时又决不是一己之私。

> 然而,道德这种"属己"的性质,与任何意义上的自我中心主义或主观主义都没关系。虽然道德是"属己"的,却没有私下道德或身边道德等"道德"。诚然,"我"是道德性的[存在],但自我无所凭依地成为中心,却绝对谈不上道德。

> 所以,在文学性的认识那里,道德("我"这个范畴亦然)是这种认识所不可或缺的立场或立足点,也是认识的媒介。文学性认识的种种成果不是道德,但让这些成果具有道德意义的媒介,则是道德范畴所展现的。——假如将这种立场、立足点或媒介设想为抽象性的存在,那么就会成为从古至今所谓"理念"的性质,成为科学真理、善等类型的东西,而如此思考道德的话,道德就会成为和科学真理并列的一个理念。从古至今所谓的

"善",就确乎是这样一种理念。于是就得说,正如科学将**真理**的理念作为对象,将**道德**的理念作为对象的是文学。不过,如果不喜欢"理念"这个词的话,也可以将它撤回。(同上书,72—73页)

明确一下:一方面户坂严厉驳斥了道德——如上文所示,应遭到驳斥的道德是自我中心主义式的、主观性的"私下道德和身边道德";不过,另一方面,户坂也为"道德性的东西"辩护。从他判断"私下道德和身边道德"并非"道德性"可知,户坂在其他地方坚决拥护"道德性的东西"。①

就像这种新道德被定义为"文学性的道德",它只有在文学范畴中才能被发现。文学作家"越是具有大众性的、普遍性的眼光,他就越是独特性的'自我'和'我'";同样,"文学性的道德"由于扎根于"我"这个瞬间,反而带上了一种"主观的普遍性"(康德)。②

在户坂那里,"道德的理念"支撑着这种或可称作"道德论的转变"的"操作"。刚才说到,户坂的核心问题是如何在目的和现状追认之间让历史转动起来,而他诉诸的则是"道德的理念"这一康德意义上的统御性观念。

正是在这种新的道德概念这里,竹内好试图继承户坂。竹内认为,道德对于"文学革命"或一般意义上的革命而言是不可或缺的(竹内,1980年,第四卷,101页),而这种道德作为力量,在让自己从根本上发生变化的同时,也让社会的现实发生变化。在这一点上,可

---

① 关于户坂所构想的新道德概念,许多论者都有所提及。例如,参见山田洸《日本社会主义的伦理思想——理想主义与社会主义》中的"第八章 户坂润——马克思主义道德理论的形成(其二)"、林淑美《昭和意识形态——作为思想的文学》中的"坂口安吾与户坂润",以及平子友长的《战前日本马克思主义哲学的到达点》。

② 在《意识形态的伦理学》中的《"性格"概念的理论性使命》中,户坂谈到"道德性的任务在于,自我性格必须与下述意义上的性格相一致,即自我性格始终由他人来理解和对待"(户坂,1966年,第二卷,14页),并指出个人的"自由意志"必须是"道德性的自由意志"(同上)。

以说竹内也正确地沿袭了户坂。因为对户坂来说,诉诸道德也就是驳斥归结于肯定现状的"事实哲学",以不同于法西斯主义的方式来展开"力的哲学"。

6 对于机会主义和自由主义的批判
——竹内好与丸山真男的差异

与诉诸"道德的理念"的户坂形成最尖锐对立的,是归结于现状追认的机会主义(opportunism):

> 哪怕日本在建设"满洲国"时的确花了力气,这份力气也至少没有成为日本强力外交的论据,这种论据从来都处于"满洲帝国"现存之**事实**的内部。作为论据,现在的事实与过去过程中的各种问题都无关——诸如这一事实凭借哪种力量而成立,或这一事实不是根据力量而是根据满洲民族的观念性总意而成立,如此等等。
>
> 所以,这里说明问题的绝不是**力**的哲学,而是**事实**的哲学。力的概念属于过程,而[事实的哲学]说的是这样一种哲学,即一切言论的**出发点**,都是从与上述过程无关的地方提出的"事实"性**结论**。一般而言,日本法西斯主义哲学决不是以力等抽象性范畴为原理,而恰恰是以"亚洲现实"等具体性的(?)事实认识作为出发的原理。(户坂,2001年,82页)

机会主义将眼前的事件作为"事实"而接受,由此确立追认现状的言论,而不顾及产生这一事件的"过程"和"力量"。在户坂看来,这就是法西斯主义的"无逻辑"本身。①

在这一点上,竹内好也罢,丸山真男(1914—1996年)也罢,都和户坂一样,与归结于法西斯主义的"事实的哲学"形成尖锐对立。例

---

① 关于这一点,参见户坂的如下论述:"这种'尊重现实'的机会主义,一般而言是法西斯主义理论和政策的逻辑特色。"(户坂,2002年,83—84页)

如,竹内在《"战争体验"杂感》中以小林秀雄(1902—1983年)为例批判说,日本人基于自然主义的经验结构将事件当作"季语"一样来理解(竹内,1980年,第八卷,235页),而丸山也在《日本的思想》中提到小林秀雄,并批判了向"事实的绝对性"低头的"现代日本的思想与文学"(丸山,1961年,120页)。

然而,户坂在此没有迈向理应作为"法西斯主义之对立面"(户坂,2001年,85页)的自由主义。因为在他看来,眼前展开的自由主义与机会主义是共谋关系:

> 事实上,当代我国的自由主义者们不是政治上的自由主义者,而是所谓**文学性**的自由主义者,这是非常重要的规定。过去虽然有过学艺自由同盟(顺带一说,我曾经也是其中一员),大多数成员都是文学家、文人或艺术家,这颇有意味。
>
> 而我国这种文学性的自由主义者大抵在广义上从人道主义那里获得动机,虽然没有那种具备客观性道德(morality)的**逻辑**,但多多少少具有道德论者的资格——这是这种自由主义者的特色。可是,道德论者说到底不过是一种怀疑论者。所以,由此发展出虚无主义的自由主义者,也就不奇怪了。
>
> 文学性的自由主义者们似乎对于自己的这种怀疑论本质抱有相当的自觉,其证据就是,一旦到了他们有意无意地采取与自身利害相关的实际行为之时,他们就成了机会主义式的现实主义者。这是因为怀疑论者在实际行动时会撇开外在的一切价值评判,因而最终只会承认最庸俗的"现实"。(同上书,85—86页)

刚才说到,户坂确立"道德的理念"以试图洞察"道德性的东西"。这不是像自由主义者那样,嘴上挂着人道主义,举手投足都搞得自己是个"道德论者"。重复一遍,户坂要做的是发明"具备客观性道德的**逻辑**"。换言之,不同于立足价值中立式怀疑态度的自由主义者,他一方面要以"与自身利害相关的实际行为"来介入现实,另一方面要实行能够带有普遍性的"价值判断"。

在这里,户坂与丸山分道扬镳。丸山也批判"事实的哲学",试图在和自然主义断绝关系的地方找到政治行为的次元,进而切断战前与战后来开启新的"时代"。不过,丸山没有迈向户坂所进行的"道德论的转变"。因为丸山试图建立的自由的现代性主体,正是切断了"本土的心情实感"(丸山,1961 年,50 页)的"抽象"(同上书,52 页),不能牵扯户坂所谓"与自身利害相关的实际行为"中去,并且,在自由主义者丸山看来,道德始终应该作为"私事"而属于"主观内面性"(丸山,1995 年,第三卷,19—20 页)。对于丸山而言,户坂所谓"道德是**一个人自己**的事情,同时又决不是一己之私",恐怕没那么容易接受吧。①

但是,户坂与丸山,进而户坂与竹内的最大分野还是与民族主义有关。丸山分析了自由的主体之后,试图以此为基础来构筑"健全的民族主义"(丸山,1995 年,第五卷,121 页)和"正确意义上的民族主义"(丸山,1995 年,第三卷,105 页)。这也意味着,丸山的现代自由主义,若脱离了日本这个国家便不能成立。

不同于丸山,竹内积极地讨论道德。这一点上文已经谈及。不过,竹内所说的新道德不仅仅是个人道德,而且是民族的道德(竹内,1981 年,第七卷,36—37 页;竹内,1981 年,第九卷,47 页)。对于"民族主义者"竹内来说,户坂所谓"文学性的道德"始终都必须是"国民文学的道德"。在竹内看来,日本这个国家也是必要的,不过是在和丸山不同的意义上。

---

① 在与古在由重的对谈里(题为《一位哲学学徒的苦难之道》,收于太田哲男编《晦暗时代的抵抗者们》),丸山一开始就说,希望以唯物主义研究会为中心展开讨论,但古在积极提到户坂润,却没有得到丸山的响应。在丸山看来,唯物主义研究会是和长谷川如是闲等自由主义者也有关联的、对唯物主义进行研究的智性运动,古在也是作为"一位哲学学徒"而被安排其中的。另外,关于自由主义,将丸山与户坂的立场对置起来进行考察的研究可参见 Harry Harootunian, "Beyond Containment: The Postwar Genealogy of Fascism and TOSAKA Jun's Prewar Critique of Liberalism";今井伸英《丸山真难与户坂润——护宪的逻辑和丸山政治学的陷阱》。

那么,户坂的情形又如何呢?户坂作出了"道德论的转变",并从"风俗"那里发现了作为抵抗之根据的"日常性的原理";在他看来,日本这个国家具有什么样的意义?

7 世界的同时代性和民众
——逻辑的翻译、政治势力

在此,我们终于再次回到了"翻译"问题上来。对户坂而言,在时间上刻下印记、将它作为时代而提取出来的操作,无法离开具体的社会和具体的历史。在这个意义上,户坂始终紧贴着日本的现实。但是,由此结晶的时代独特性,并不直接连接于"日本"这个名称所标示的文化和国家。在户坂看来,有必要在将这个时代作为具有独特性的东西而结晶化的同时,将它"在世界的意义上进行翻译"。《日本意识形态论》中的《日本意识形态》写道:

> 不过,一切真正的思想和文化,在最广泛的意义上,都必须是能够在世界意义上进行翻译的东西。这就是说,无论哪个国家的哪个民族,若其思想和文化不具有范畴上移动的可能性,就不是真正的思想和文化。正如真正的文学必须是"世界文学"一样,唯有某个民族或某个国民才能理解的既有哲学或理论,无一例外是虚假的东西。更不用说甚至对于这一民族这一国民自身来说也面目不清的思想文化了,那不是思想和文化,完全就是野蛮。(户坂,1966年,第二卷,298页)

在此,户坂把广义的"翻译"定义为"范畴上移动的可能性",换句话说,也就是"逻辑的翻译"。这种范畴和逻辑,正是户坂不断探求的"社会机构的本质"(户坂,2001年,16页)。户坂的根本态度是,若不考虑应该能在"今日同时代诸国"中进行翻译的范畴和逻辑,而抬出不可译或难以翻译的东西(比如"日本")并将之特权化,这是行不通的:

但是，今日同时代诸国间的**逻辑的翻译**，不大成为问题。因为世界的生产力达到了某种程度之后，生产技术和生产机构基本上具备了国际性的共通特质；并且，由于这构成了各国生产关系的尖端，也可以说在国际的意义上，尖端已经齐备。而有理由必定受到这种生产尖端之诱导的各国的逻辑机构，又促成了这种尖端的齐备，并且，交通运输机关的显著发展之必要，也日益使得这种逻辑的国际性成为现实。于是，将相同事物翻译为相同事物就不是翻译，而仅仅是交换或授受。欧洲文明在日本未能被完全消化、日本精神不被外国人理解等想法，纯属不解逻辑翻译之意义的谣言，而这种人往往想要在当代日本坦然运用古代印度或古代中国的逻辑，这一点万不可忘记。（户坂，1966年，第二卷，248页）

令人惊讶的是，在此展开的逻辑几乎与前一章所引用的夏目漱石《文学评论》中的一节若合符节。这里再次引用如下：

当然，随着交通的频繁、人们相互间逐渐气脉相通，这种趣味也会倾向于统一，倾向于变得普遍。英国、法国、德国等欧洲各国，在一般的趣味上已经受到这种普遍性力量的作用，这是无可怀疑的事实。日本也会随着与外国的交际而不断受到这种普遍性力量的作用。（夏目，1995年，第十五卷，50页）

"交通"对双方来说都是关键概念，在这个基础上，"趣味的普遍性"和"逻辑的翻译"的可能性得以展开。

回到户坂，由于这种根本态度基于由"交通"而来的世界的同时代性，于是，日本主义的日本也好，自由主义的日本也好，"日本"这个国家的确立就无法成为优先课题，因为任何民族主义——包括与国际主义相结合的民族主义——都无法正确设定同时代的问题系。如果把户坂润定义为"唯物主义者"，那么这种唯物主义就应该放到对于世界的同时代性的"历史感觉"中来理解。

那么，如果不是从民族主义那里，户坂润是从哪里确立起同时代的问题系的呢？换句话说，为了给时代画上切线，哪个位置（topos）最为合适？这个位置不是最终收敛于民族主义的"国家""国民"或"民族"等概念。① 户坂试图划出切线的位置是"民众"：

> 必须从世界性的角度观察日本，这是我一贯的态度。也就是基于**民众**的立场来观察日本。在这里，我称之为"民众"的，不是支配者所想的那种民众，而是自主地对自身生活进行防御的民主式大众。（户坂，1967年，第五卷，3页）

这里说得很清楚，在户坂看来，从"世界性的角度"进行观察就是从"民众的立场"进行观察。为什么？因为户坂所思考的"民众"正是构成世界同时代性格的"**政治势力**"（同上书，57页）。

户坂在1931—1945年的中国、意大利、德国那里都发现了这种民众。不过，在日本的情形中，这种民众要么是"支配者所想的那种民众"，也即"必须由政府指导启发的、被视为累赘"一般的"民间"（同上），要么是"民俗学式的、土俗学式的"，也即"横亘在市井、巷间"（同上书，58页）的民众，被去政治化的民众。户坂敏锐地看到，这种民众的去政治化正是日本法西斯主义的基础：

> 如果把并非政治性势力的大众称为"民众"，那么这必然是愚弄民众的卑劣蛊惑之辞。这是对着如今缺乏自主性的日本民众说：你太美了，请停一下。这是以日本"民众"为名，赞美日本的"现实"。（同上书，60页）

浮士德在殒命前喊出的"你太美了，请停一下"，被用在理想的国家身上。不过，讽刺的是，如今日本民众不得不把"现实"作为理想来"赞美"。而日本文学正以这种去政治化了的民众形象为依据，

---

① 不过，户坂也没有将民族作为无用的概念予以舍弃。他反而基于当时日本由多个民族构成的前提，避免卷入围绕民族而展开的政治运动，将民族问题转移到文化问题上来，由此推出应该尊重各自民族文化的结论。参见《作为世界一环的日本》中讨论"朝鲜文化"的一节（户坂，1967年，第五卷，51—52页）。

进一步加强这一点。对于试图确立"文学性的道德"的户坂而言,与日本法西斯主义的斗争,也正是与日本文学的斗争。与小林秀雄的论战构成了其中的重要一环,民众就是这一斗争的战场。① 与此同时,民众是推动时代发展、推动"历史运动的车轮"转动的"政治势力"。然而,在日本,这个意义上的民众尚未登场。这恐怕是因为"日本自明治政府以来,民众的概念就没有被充分常识化"(同上书,57页)。在这个"潜藏着历史的**秘密**"的地方,在抵抗的根据处——也就是在"日常性原理"这里,民众尚未得到登录。

即便如此,户坂也在民众这里画下了时代的切线:

> 民众不具备政治自主性,这是日本民众的状况和条件。不过,条件自然会有界限。条件本身遭遇到它不得不变化的界限,这绝非不可能的事情。日本民众这种非政治性的瓦斯,也能随着气缸内的压迫过程而必然遇到着火点。条件只有在常温常压的情形下才能保全。(同上书,59页)

从今天的视点来看,或许有人会说:户坂所画下的切线与"历史运动的车轮"转动的方向并不一致。或者说,户坂自身陷入了"时代错误"。

然而,我们真的生活在与户坂截然不同的时代,以至于可以作出上述判断吗?我们真的生活在与户坂试图结晶化的时代分道扬镳的

---

① 参见户坂对小林秀雄的下述评论:"不过,我并没有把小林自身作为对手来说事。我把小林视为一部分人的代表。小林思考了关于一般民众的问题。这当然很好,但当我站在这种民众本身的观点上进行观察的时候,我就对这类评论家是否有意义感到了怀疑。先别说自己热爱民众或是怎样,首先必须更为自觉地认识到自己是民众的一员。愤懑于日本不存在能够产生政治性舆论的民众,这种**愤懑**也只有在上述自觉产生之后才有意义。而文学也必须从**这种民众**所具有的范畴出发来论述。文艺评论家当然也一样。而在小林这种类型的评论家那里,事情又如何呢?且不论如今日本所谓的文学究竟多大程度上是民众的东西,至少而言,如今的文学通过从所谓**文学方面**将民众视为问题,以期达到民众的自我理解,对此我是根本不相信的。我认为这一点关乎文艺评论家的存在理由。"(户坂,1967年,第五卷,87页)

新时代吗？毋宁说，"户坂润是我们的同时代人"，依然如此，不是吗？在这种情形下，户坂试图为时代画下的切线仍然是未完成的。

户坂撰写"民众论"的时候，正值他受到禁止执笔处分的那一年（1937年）。从那以后，一直到八十年后的"今天"，"非政治性的瓦斯"遇到过"着火点"吗？

第五章　日本式基督教与普遍性
　　——内村鉴三

1 "可普遍化"与"进行普遍化"

关于小林秀雄，丸山真男说道：

> 在没有普遍之物的国家，依次剥除尽普遍性的"花样"之际，在他[小林秀雄]眼前展现的是"解释"和"花样"所无法撼动的**事实**的绝对性（这正是达物之道——宣长）。小林强烈的个性在这个事实（物）面前只能垂首沉默……（丸山，1961年，120页）

同户坂一样，丸山也认为小林秀雄是无论如何都得跨越的日本文学的象征。当然，这不是容易的事。即便如此，丸山也要想办法暂时切断"事实"和感知事实的"实感"之间的关联，必须找到能够批判权力及其意识形态的普遍性根基。在战前日本，丸山认为这种契机在于马克思主义和基督教。众所周知，在一高时代，丸山受长谷川如是闲之邀参加了唯物主义研究会的演讲会，遭到了特高的调查，而后他就一直与马克思主义保持一定距离。而就基督教来说，其师南原繁（1889—1974年）是内村鉴三（1861—1930年）的弟子，丸山或许从中也领会到基督教在日本的意义，但他自己没有信教。对于丸山，上述两者是他考察普遍性之际不可或缺的思想源泉，不过，现实中它们都未能作为抵抗的普遍性依据发挥作用。

丸山的确对马克思主义抱有某种同情，但一旦落实到日本，他就认为[马克思主义]"不堪重负而自身引起了中毒"(同上书,57页)。换言之,由于"比起**从现实出发**的抽象化作用,更重视抽象化了的结果"(同上书,58页),丸山认为马克思主义理论在日本失去了对现实的批判力,"往往成了生产理论(或法则)与现实之间容易的**预定调和**的信仰原则"(同上书,59页)。至于基督教,丸山也认为,它"对于天皇制忠诚来说几乎是唯一的可能对手"(丸山,1992年,64页);不过,除了植村正久、内村鉴三、柏木义円等少数例外,明治末年基督教几乎与天皇制同化了(同上书,75页),而且,丸山批判说,就算是内村,也未能提出"抵抗权"这一批判的根基(同上书,76页)。

如何超越马克思主义与基督教在日本的局限来思考普遍性?这是丸山提出的问题,在此先放在一边。上一章探讨了户坂润由"翻译"概念向普遍性迈进的理路,而在这里,我希望以内村鉴三为中心,考察现代基督教与普遍性的关系。"日本式基督教"这个复杂概念会变得尤为重要。

对于无教会主义而言,决定性的依据就是《圣经》的"文"。内村的"日本式基督教"的志向在于,试图以《圣经》为基础、通过日本的经验,将自己向更大的普遍性开放,并且,这一点不仅就日本而言如此,就殖民地时期朝鲜而言也是如此,如果参照当今存在于中国的基督教的相关话语,那么可以说,内村的论述有着横跨东亚的广度。

在探讨内村的"日本式基督教"之前,我想先对近年来有关"普遍性"概念的研究进行一瞥。于连(François Jullien)教授一直在探究中国哲学、法国哲学和希腊哲学之间的比较哲学的可能性,他在著作《论普遍性事物、划一性事物、共通的事物与文化间对话》(2008年)中,提出了"可普遍化"(l'universalisable)与"进行普遍化"(l'universalisant)的区别(Jullien,2008,pp.183-190)。在前一个"可普遍化"那里,就它把可能性作为问题而言,它属于真理、正当性、表象的范畴;而在后一个"进行普遍化"那里,正如法语现在分词

(英语则是动名词)的形式所示,它表现的是创造和产生普遍性事物的过程。

"可普遍化"以某个观点为基础来寻找可比较的东西,通过分析其间的同一性和差异而致力于在更上级的裁断机制那里将它们进行定位。例如,"类—种"关系就是一个典型的表象。在此,普遍性作为最上级的裁断机制,在可能性的极限处登场。但是,根据这种结构,很难设想缺乏可能性或超出可能性的东西。

与之相对,"进行普遍化"的进路展示了与普遍性的另一种关系。于连举出的例子是人权。历史上,"人"和"权利"这两个概念在欧洲被抽象化并结合在一起,由此产生"人权"的新概念。"人权"成为普遍性的概念,但原本"人权"这种可普遍化的东西就预先包含在欧洲思想之中,而并非其现实化的结果。毋宁说,如果欧洲思想本身不进行变形(transformation)的话,人权也无法普遍化,而且,在欧洲之外,"人权"经历了殖民地主义和帝国主义,同时经历了重新锻造而以某种方式实现了普遍化。于是,我们可以看到,普遍化过程绝不是一帆风顺的,而始终在曲折的道路上伴随着某种抵抗。

要言之,普遍化始终与转移(transposition)、变形(transformation)、翻译(translation)等运动相关。进行普遍化,就是 trans- 的横跨性过程。与之相对,"可普遍化"则是垂直性的。可以说,若后者论述的普遍性是天上的普遍性,那么前者论述的普遍性就是地上的普遍性。不过,trans- 应该也是超越(transcendence)的"trans-"。因此,地上的普遍性就有必要以某种形态再度与天上的普遍性相交,让超越也发生变形。

于连的上述论述有意思的地方在于,现代基督教尤其是新教传到东亚的时候,两种类型的普遍性确实相互重叠并得到讨论。也就是说,[问题在于]如何将现代基督教所强调的垂直性的超越之神进行转移、变形、翻译?而且要在不丧失普遍性的前提下,进一步实现更大的普遍性。在此,内村的讨论准确地阐述了这个问题。

2 汉语基督神学
——刘小枫

近年来,中国思想界常常听到"文化基督徒"的说法。这指的是一方面没有基督教信仰也不属于教会,但另一方面却尊重基督教文化构造的知识分子。① 说到其代表,可以举出中国人民大学的刘小枫教授为例。刘小枫在论文《现代语境中的汉语基督神学》中写道:

> 文化基督徒并不是中国的基督教之独特现象,而是基督教的现代性现象:自启蒙运动以来,无论在社会层面还是思想层面,基督教生活于其中的语境发生了很大变化,换言之,初期基督教时代和中古时期的社会结构、思想资源与当时的基督教形态相适应,近代以来的现代化过程不断更改基督教生活的语境,出现新的基督教生活和思想样式,是一个事实性现象。在思想层面,是信仰中立的宗教哲学的出现和扩展,在生活层面,是基督徒生活的个体性的出现。薇依对受洗的迟疑和教会建制的批评,在现代语境中并非一个寥若晨星的现象。文化基督徒现象,俄国在一百年前已经出现了,并延续到 40 年代:知识分子群体中的基督徒,不同程度上教会中立地发展了基督教思想、文化乃至学术。如果把中国大陆的文化基督徒现象置于整个基督教的现代性景观中来考察,而不是视为一个孤立的现象,就较为容易识别其特点。(刘,2010 年,15—16 页)

既然对信仰和教会保持中立态度的"文化基督徒"的出现取决于现代的语境,这就不是当代中国特有的现象。现代语境的重要原则是政教分离或世俗化,与此同时,信仰被个人化,教会这种公共空间被边缘化;另一方面,以大学等教育机构为据点的知识分子则广泛

---

① 关于当代中国的汉语基督教神学,参见孙尚扬、刘宗坤《20 世纪西方哲学东渐史——基督教哲学在中国》第十章和第十一章,首都师范大学,2011 年。

接受了作为文化、思想、学术的基督教。

那么,刘小枫想要做什么呢?他想要做的事情之一是,通过汉语来将作为文化、思想、学术,也即作为人文学的基督教建立在中国语境之中,也就是生产"汉语基督神学"。在此需要注意的是,刘小枫的论题并不是基督教的本土化或中国化:

> 就基督神学的理想型态与历史型态的垂直关系(信仰关系)而言,汉语神学与其他历史型态之神学的关系是并列关系。闻道无先后,历史中的诸基督神学是一个信仰性的思想发生事件。因此,就汉语基督神学的建构而言,并没有所谓中国化的问题。基督神学的中国化问题,基于如下论点:基督神学是西方的神学。这一论点虽然长期支配着中国知识界和神学界,却是一个基本误识,它是现代化过程中民族国家的文化语境的产物。对汉语基督神学的发展而言,要考虑的问题首先是自身与理想型态的基督神学的垂直关系,即汉语思想之语文经验如何承纳、言述基督事件和反省基督认信。因此,汉语基督神学就必须考虑其言述的重新奠基问题:从本色化或中国化的思维框架中走出来,直接面对基督事件。(同上书,24—25页)

可以看到,当他说到"就基督神学的理想型态与历史型态的垂直关系(信仰关系)而言,汉语神学与其他历史型态之神学的关系是并列关系"的时候,刘小枫将于连的两类普遍性纳入了论述范围之内。此外,通过转变"汉语思想之语文经验",刘小枫旨在"从本色化或中国化的思维框架中走出来,直接面对基督事件"。不是把基督教作为可普遍化的东西予以中国化,而是从中国出发——但通过汉语经验的变形——迈向作为普遍性的基督教。

这就带上了水平的视角。换言之,刘小枫一边反思作为垂直性关系的信仰关系,一边试图将"汉语基督神学"界定为和其他基督教神学并列的东西,并将它的基础奠定在远离自我民族中心主义的、经历了变形的"汉语思想之语文经验"那里。

在这里,得到强调的是"历史的基督思想之语文经验的交往关系"(同上书,25页)。换言之,基督教思想的语言经验是在水平的交往(交际、交通)那里共同成立的,"汉语思想之语文经验"也参与其中。夏目漱石和户坂润那里的"交通"问题,在这里也有着回响。"汉语基督神学"正与夏目漱石所思考的、对"趣味的普遍性"进行探究的日本文学,同时也与户坂润所思考的、成立于"翻译"之上的日本式唯物主义相重合。

3 内村鉴三的日本式基督教
——《圣经》

那么,内村鉴三的"日本式基督教"是怎样的概念呢?《论日本式基督教》(1924年)的下面一节明确表明了这一点:

> 所谓日本式基督教,当然不是说改变基督教,使之成为日本人的宗教,而是说根据日本人独特的见解来阐明基督教真理。由于基督教是世界性宗教,有待各国人民的参与贡献方才完全展现于世。**通过日本人展现的基督教,这就是日本式基督教。**(内村,1983年,第二十八卷,381—382页)

这里有着和刘小枫一样的论述。内村构想"日本式基督教"的时候,他的问题并不是基督教的本土化或日本化,而是如何提炼所谓"日语基督教神学"。这是为了不迷失基督教的普遍性。在《我的理想的基督教》(1901年)中,内村写道:

> **我们不能跟佛教徒和儒教徒一样独立于传教士**,我们的基督教无论如何都必须是福音式的。儒教式基督教、佛教式基督教等等,这种东西决不是基督的基督教,基督教是绝对的宗教,不能与其他宗教相混合。无论根据何种名义,我们都不能抛弃外国传教士的辅助而接受佛教僧侣或神主的辅助。(内村,1981年,第九卷,180页)

如这里所示,内村驳斥了基督教贯通于儒教和佛教的可能性,也即驳斥了寻求"可普遍化"的道路。① 相反,他认为应该设想新的基督教神学,它要与他国并列,并在日本直接触及"基督事件"。② 那么,为此需要什么条件呢?内村在此依据的是《圣经》和平民。③

关于《圣经》,《教会与〈圣经〉——劝朝鲜人研究〈圣经〉之辞 五月三十日夜东京朝鲜基督教青年会上的演讲提要》(1915年)中有着颇有意味的记述。内村指出,"虽然没有教会,但基督教因《圣经》而传播,国家因《圣经》而改变"(内村,1982年,第二十一卷,367页)。这是因为,在那里"虽未曾建立孔子会堂,我们却因习其书[经书]而受其精神支配,我们是孔子的好弟子。如今孔子既去,基督取而代之"(同上)。内村指出,要取代中国经书而研究《圣经》。普遍性的体现者从孔子变为基督。如今重要的是通过《圣经》之文而直接抵达基督教精神。而且,内村认为,日本殖民地朝鲜也将由此得到拯救。

> **我极力奉劝诸位研究《圣经》**,这虽需要广博学问与深切经验,但谁都不难理解其精神。《圣经》之深邃实非经书所能比,当然也非西洋哲学之倭铿或柏格森所能比。愿诸位勿对此马虎,而要致力深刻钻研,培养自身信仰的同时,抱持以此生命之泉拯救朝鲜、日本和世界的志向,没有比这更大的事业了。一身之命运、家庭之命运、国家人类之命运皆有赖于此。如何才能拯救朝鲜,对此已有各种办法,但根本拯救之道唯在《圣经》,**世上万事之根本**,皆应基于对《圣经》的深刻钻研。在之前某传教士

---

① 这种态度也表现为试图将基督教作为宗教而与儒教道德切割开来。在《何谓基督教》(1905年)中,内村写道:"基督教不是道德,基督教虽然产生道德,但其目的不是教授道德,忠君、孝亲并非基督教特别想要说的内容……将基督教视为更大的儒教,这是对基督教精神的全然误解。"(内村,1981年,第十三卷,13页)
② 内村在《基督教拯救日本》(1899年)中认为,需要的不是作为"外国宗教"的基督教,而是在日本产生新的生命的基督教(内村,1981年,第七卷,60页)。
③ 关于内村鉴三的《圣经》与平民的观点,参见柯兹拉(Agnieszka Kozyra)《日本与西洋的内村鉴三——其宗教思想的普遍性》,特别是66—88页。

对于日本和朝鲜的基督教状态的比较中,指出朝鲜基督教为《圣经》式的,日本基督教为社会性的,这对朝鲜而言是可贺之事,而对日本而言是可悲之事。(同上书,368—369页)

在此,内村认为,不是教会或社会性慈善事业,而是《圣经》研究,才能通达普遍性,并据此拯救朝鲜、日本和世界。从1900年开始,内村就持续刊行《圣经之研究》,此举背后有着上述思想背景。

4 内村鉴三的日本式基督教
——平民

为了使"日本式基督教"成为普遍性的东西,另一个条件是平民。作为一种抽象,内村这里的"平民"对应于户坂润所设想的"民众"。唯物主义者户坂将时代的切线定位在了"民众"这里;同样,基督徒内村也试图通过对于"平民"的定位来确保[日本式基督教的]普遍化。他在《常人的宗教》(1901年)中写道:

> 基督教不是贵族宗教,而是平民宗教,不是富人宗教,而是穷人宗教,不是学者宗教,而是愚者宗教,不是僧侣宗教,而是常人宗教,社会因基督教而颠倒,即高者变成卑者,贵者变成贱者,贤者变成愚者,基督教出而社会大革命可期也。(内村,1981年,第九卷,171页)

通过开启平民这种新的位置并把"日本式基督教"定位于此,就可以"颠倒社会"。不过,试图让历史发生转动的户坂和日本国家保持了距离,而与之相对,内村基于平民主义的"日本式基督教"则直接可以成为最好的"国家性宗教"。内村如此说道:

> 基督教不谈政治,然伟大国家建于其上,基督教不论美术,然庄严绘画与雕塑出自其中,基督教不讲哲学,然促进真理之探究者莫如基督教,但不以其名而以其实论,没有优于基督教的国家性宗教,也没有如基督教一般鼓励美术与科学的宗教。(同上)

内村是"爱国"者,他是在现代日本国家的框架中思考定位于平民的基督教及其普遍性的。丸山真男在这里看到了一种"颠倒",他写道:

> 内村成为与这种"西洋文明的非爱国性感化(the denationalizing influence)之风潮"相对抗的"**极左**爱国基督徒"(明治二十一年,致贝尔的信函,《著作集》旧版,第 18 卷,强调为原文所有),而这种"极左性"与古代伊斯兰预言家的激进主义一样,有着内在的根据:后者为打破律法的刻板化并为之赋予新的生命,必然要跟作为祭祀和仪礼之**日常**执行者的僧职官僚制形成尖锐对立,而且因此要切断与既有社会阶层和**价值**阶层的粘连,**直接**向着解放下层大众之潜在能量的方向迈进。内村的"第二宗教改革"意味着所有宗教性**常规**的价值颠倒;同样,他的"爱国"对内对外都颠倒了**世俗的**日常意义上的爱国观念。这一点之后对内结晶为平民主义、对外结晶为对战争和军备的绝对否定。(丸山,1992 年,282 页)

内村那里存在着因颠倒而成立的"**极左**爱国基督徒"这种难以消解的矛盾。但是,这种"贯穿所有矛盾、执拗地持续回响着的基调音"(同上书,291 页),或许才正是处于曲折的普遍化过程中的"日本式基督教"方案。

而且,这一点也与"汉语基督神学"相关。普遍化绝不是畅通无阻的过程,而是到处孕育着紧张和矛盾的过程,但由于带有那种无法还原为单纯性的批判性,它艰难地向着普遍性敞开。

5 现当代韩国的基督教接受
——咸锡宪的"シアル思想"与朝鲜式基督教

让我们看一下内村论述的辐射。受到内村极大影响的韩国基督徒咸锡宪(1901—1989年)①在将基督教与老庄思想和韩国民间思想的比较中,接受了基督教。咸锡宪比内村更想要从民众中发现地上的普遍性,他将这种想法称作"シアル思想"。"シアル"这个词包含了"种子"和"民众"两层意思。

咸锡宪1923年春留学于东京,经历了关东大地震和其后的朝鲜人虐杀。② 他次年入学东京高等师范学校,遇到了终生的友人金教臣(1901—1945年),并参加了内村鉴三的《圣经》研究会。咸锡宪提到内村在研究会上所强调的《圣经》和平民的概念,说自己"认识到**真诚的**信仰才是我们祖国与民众应该踏上的道路"(咸,1991年,203页)。

尽管如此,和内村一样,咸锡宪和金教臣所设想的"朝鲜式基督教"③并未轻易被人们接受。1927年创刊的以金教臣为中心、咸锡宪也参与其中的《圣经朝鲜》,登载了哀悼内村去世的一篇文章,便被批判说没有民族精神;而且在解放后,举办内村纪念讲演会的时候,也被人们判定为异端(同上书,204页)。④ 他们遭到批判的一部分原因是无教会主义,但我认为,"以《圣经》和平民为基础的朝鲜"这一构想本身就被视为危险。

那么,咸锡宪的平民主义即"シアル思想"是什么样的东西呢?这里的要点在于"文":

> 文字本来属于民众。出于民众而归于民众。文明、文化、文物、人类所制作的一切事物,一言以蔽之:书写这种文的根本精

---

① 关于内村鉴三与咸锡宪的关系和シアル思想,参见朴贤淑《咸锡宪"シアル思想"的萌芽——以他与内村鉴三的关系为中心》。

② 咸锡宪并没有直接领悟这一悲惨事件的意义,根据他的说法,他是次年读到平安高中时代的校长柳永模老师寄来的信后,才意识到这件事的神学意义(咸,1991年,199—202页)。

③ 也被称为"朝鲜产基督教"(金,2004年,128页)。

④ 此外,咸锡宪与金教臣在1940年出版了《内村鉴三老师与朝鲜》,在其中拥护无教会主义,以此作为内村鉴三"逝世十周年纪念"(咸,1991年,1页)。

神、内在灵魂为何？曰民众。不仅是文学,政治、教育、艺术、宗教等一切事物,归根结底皆是织于民这块布上的花纹。民因这些制度、文物的创制而越发辉煌,而穿上这种花纹编织成的织物的人,也是民。

文是种子的呼喊,是民众的声音。是民众不断地说"听(我们)啊!"的呼喊。不,它是民的祈祷。所谓祈祷,既是"上帝啊请听"的祷告,同时也是向自己祷告的自我之声。自己无法倾听,上帝岂会倾听？我的耳朵深处有上帝的耳朵。若没有我的耳朵,上帝也无法倾听。昏睡不是祈祷,上帝不会来听。记得耶稣在客西马尼园的话吗？"警醒祷告!"民的祈祷亦如是,必须警醒。民众要将自己的声音作为自己的声音而仔细聆听,要用自己的耳朵聆听这声音,然后祷告。一切哀叹、一切宣言、一切抗议、一切赞美,皆是民众对自身、通过自身而向上帝所做的。

民众是谁？种子是什么？也就是这个"我"。生而为人的这个"我"。脱下所有衣服的人,也就是赤裸的人类。(同上书,304—305页)

"文是种子的呼喊,是民众的声音",这句象征性的话语中凝聚着一切。在此,咸锡宪所做的正是翻译。不仅仅是内村思想的翻译,而且是在"シアル"(民众＝种子)那里让基督教《圣经》与东亚的"文"之思想相遇的翻译,而且,重要的是,在咸锡宪看来,"文"首先是应在大地上刻写的东西,然后要面向天空。《庄子·大宗师》有着对"真人"的记述,曰"真人之息以踵,众人之息以喉";咸锡宪对此说道:

踵一直深入至大地之母的怀中。做到以踵而息,便触及自然与母亲的心胸气息;与大地之母相通,便自然与天父之呼吸相通。正如母亲的肚脐与父亲的肚脐相对,通往上天之道由人心而穿过大地之心,继而由此向上天之心穿行。要见上天,首先应见大地,要见大地,首先应通达内心。就此而言,本真之人,自古便是人们所谓"仅仅着眼大地而生活的人",不是吗?着眼大地之人看得到上天。天文研究岂非始于地文研究?……甚至是耶稣、仅从上帝那里领受言语的耶稣,也始终面朝下、在大地上刻写!啊,为何在我们中间无法产生大地的文字?真正伟大的文学不能很快出现吗?(同上书,302页)

"朝鲜式基督教"首先必须基于"大地的文字",也就是"シアル"。但是,这种"大地的文字"尚未诞生。为了产生这种文字,必须不同于佛教和基督教等既有宗教,从翻译的过程出发来创制"我的宗教"(同上书,303页)。这是让我没有中介地直接面对上帝:

> 唯一伟大者是上帝,而宏大者则是这个我。与上帝直接气脉相通的我,作为"伟大"者,若以这一直线为中轴转动,则可以改变世界。因此,无法贯彻到这个我之中的宗教,无法让我和上帝面对面的宗教,就不是真正的宗教。(同上)

咸锡宪在此谈论的是所谓地上的灵性。我有意称之为"地上的灵性",因为在我看来,这跟铃木大拙(1870—1966年)所谓"妙好人的灵性"相吻合。

6 日本式灵性
——铃木大拙

以内村鉴三研究知名的铃木范久指出,内村鉴三在1924年所著的《日本的天赋》中认为,成为"宗教之民"是日本的"天赋";铃木写道:"我不禁感到,二十年后铃木大拙的'日本式灵性'论也处在同样的思想线索上。"(铃木,2000年,23页)这一"日本式灵性"论,就是大拙于1944年出版的《日本式灵性》。根据铃木范久的说法,内村在1925年的演讲《日本与基督教》中数次使用了"灵性"这个他不太常用的词语(同上书,34—35页),而且,由于大拙,这个词在"功能而非制度"的意义上(同上书,35页)被大大深化了。此外,据说在内村与大拙那里,有着对于发挥灵性之功能的大地性的共同眼光(同上书,36—37页)。不过,就像"流浪"之人内村所示,这种大地性成立于对与生俱来的否定:

> 人离开最初生长的土地,不得不有违本意地生活于异乡或离岛,乍看之下仿佛被分离于"大地",实际不是这样。反而因为如此,产生了和本来无缘的人们的交流。人际关系中产生了可称之为"邻组"与"邻人"的差异。"邻组"指的是生来住在旁边的人,而与之相对,"邻人"即使住在旁边,也是一度否定了与生俱来的关系之后才成立的关系。因此,"大地性"指的绝不是与生俱来的土地,而是其反面。正如作物不可能连种,对于迄今为止的土地的否定,不也能成为"灵性"之种和苗所需的"大地"吗?(同上书,37页)

我想遵从铃木范久的做法,将铃木大拙放在内村鉴三的系谱上,来看一下大拙的论述。特别要注意大拙如何谈论灵性和大地性。在《日本式灵性》中,大拙关于大地和灵性论述道:

> 对上天的宗教意识,仅凭借天是无法产生的。天降于大地时,天对人触手可及。事实上,人知晓天的温暖,便是在以手触天之后。大地耕耘的可能性,源于天光会落到地面。因此,当宗教发生自直接在大地上行卧之人即农民之时,最具真实性。(铃木,2010年,62—63页)

> 说起灵性,人们或许会认为这是观念性的、虚无缥缈的东西,但没有比灵性更牢固地扎根于大地的东西了。因为灵性就是生命。在大地深处,有着深不见底的东西。翱翔天空之物、从天而降之物,也都不可思议。然而,这些都是外来的东西,而非来自自我生命内部的东西。大地与自我为一。大地的深处即自我存在的深处。大地就是自我。(同上书,64页)

通过农民那里的"大地耕耘的可能性",首次产生了"对上天的宗教意识"。灵性正体现在耕耘大地的农民身上。拥有这种灵性的民,就是"妙好人"。妙好人是净土宗的笃信者,包含很多在家之人。而自江户时代以来,妙好人传多有出版。

大拙提到的一个妙好人,是住在岛根县迩摩郡大浜村大字小浜的浅原才市(1850—1932年)。大拙从西谷启治(1900—1990年)那里听闻才市的事情,读了藤秀璻(1885—1983年)所著《大乘相应之地》(1943年)后①,接触了才市的诗(同上书,250页)。

大拙在《日本式灵性》中,生动描写了才市妙好人,其要点在于,尽管妙好人才市不过是一介凡夫,毋宁说正因为是凡夫,他也同时是阿弥陀佛。不过,才市和阿弥陀佛的关系有些复杂。才市直接就是阿弥陀佛,这是什么意思? 看一下才市的下面这段话:

> 不是我成为阿弥托,
>
> 而是阿弥托成为我。
>
> 南无阿弥陀佛。(同上书,263页)

才市的这段话是一首诗。哪怕无法言说秘密和神秘,也可通过一个人而结晶为诗。大拙关于此诗论述道:

> 名号从阿弥托那里"施加于"才市时,才市还是才市,没有变化;但是,他也已经不是才市。他是"南无阿弥陀佛"。而从这一"南无阿弥陀佛"观之,一面是弥陀,一面是才市,并且不失其自身的状态。(同上书,263—264页)

才市依然是才市,但同时也是阿弥陀佛。这不是单纯的自我同一性,而是"才市与佛是矛盾的自我同一性"(同上书,265页)。或者说,"弥陀与才市的自我同一必须从应称之为'空间性即时间性'

---

① 浅原才市生前,寺本慧达出版了讲述他与才市之交流的《活着的妙好人浅原才市》(1919年)(佐藤,1985年,259—260页)。藤秀璻在安乐寺与梅田谦敬交流并从对方那里收到才市日记本之后,撰写了《妙好人才市之歌》,收录在《大乘相应之地》(1943年)中(藤,1943年,239页)。藤把才市描写为"醉心于佛之人"(同上书,3页)。

的立场来看待"(同上书,266页),"才市在弥陀中运动,弥陀在才市中运动"(同上)。

大拙试图在才市的灵性式直觉中看到日本式的东西(同上书,265页)。对照内村和咸锡宪,可以说这不是经过日本式改造的灵性,而是通过日本产生的普遍性的灵性:

> 因此可以说,灵性具有普遍性,而不限于某个民族。汉民族的灵性也好,欧洲诸民族的灵性也好,日本民族的灵性也好,只要是灵性,就不会发生变化。然而,灵性苏醒之后,就它在精神活动诸现象上呈现样式来说,各民族会有区别。就是说,我们可以谈论日本式灵性。(同上书,34页)

我想考察的是,如果这种向普遍性敞开的灵性的结构同样适用于内村鉴三的"日本式基督教"和咸锡宪与金教臣的"朝鲜式基督教",那么这时候它具有什么样的意义。

就像布莱恩·维多利亚(Brian Victoria)所批判的那样,大拙也被卷入了日本禅僧们积极参与战争合作的波涛之中,而且,维多利亚批判说,在大拙那里"找不到对于[日本]在亚洲的军事行动进行正面批判的文章"(维多利亚,2001年,226页)。不过,或许如石井公成所说,"大拙反对狂热煽动军国主义的右翼和禅宗师家,自认为在严厉的言论管制中对上述势力进行了抵抗"(石井,2001年,201页)。我在针对大拙的批判和辩护之间想要考察的是下述两者的关系:一边是理应向着"日本式灵性"等普遍性敞开的概念,另一边则是国家。

上文已经提到内村的"爱国主义"。在咸锡宪和金教臣那里,由于有着从殖民地状态解放的经过,故不能等而视之,但他们也有很强的国家意识。不过,这应该不是朴素的爱国。他们确立了天上的普遍性(民族主义恐怕也包含其中),没有将它内在化于日本和朝鲜等特定的特殊性之中,而是让日本和朝鲜本身发生改变,从中找到通往地上的普遍性的道路;如果是这样的话,那么国家本身也只有在变化过程中才能被理解。

在大拙这里,"日本式灵性"的概念到战后也没有被放弃。在《灵性日本的建设》(1946年)和《日本的灵性化》(1947年)等论著中,大拙提出了日本作为国家的灵性化。一方面,这一论述被人们批判为回避战争责任,但另一方面,也可以说大拙所设想的国家无法被还原到民族主义甚或超国家主义的框架之中。

即便如此,在扎根于大地的"日本式灵性"那里,依然有着同样存在于马丁·海德格尔(Martin Heidegger,1889—1976年)——他在其哲学的核心处讨论"大地"——那里的陷阱,不是吗?对此可以说是也可以说不是。"不是",是因为大拙竭力将这种"灵性"区别于海德格尔所用,继而为日本超国家主义所用的"精神",他确实在这个意义上进行了话语权利上的斗争。但是,对于上述问题,同时也可以回答"是",因为当这种"灵性"缺乏通往普遍性的道路、丧失批判性回路的时候,就很容易与"精神"相融合,陷入丸山真男不断批判的本土主义。①

7 现当代韩国的海德格尔接受
——民族与国家

事实上,在二战后的韩国,有过以海德格尔式的思考为基础来结合民族与国家的经历。其中的主导者是哲学家朴钟鸿(1903—1976年)。就像过去在不敬事件(1891年)中在"教育与宗教之冲突"的框架下相互对立的内村鉴三和井上哲次郎(1856—1944年)那样,咸锡宪和朴钟鸿之间也形成了尖锐对立。

朴钟鸿在京城帝国大学学习哲学,1935年毕业于哲学科。毕业

---

① 丸山真男不断批判"国体"从中汲取养分的"部落共同体"(丸山,1961年,46页)。这是因为,通过这种"本土性的心情实感"(同上书,50页),"一切意识形态都**根本上**被包含其中,因而从一切'抽象理论'的束缚中解放出来,成为被'一如'的世界怀抱的所在"(同上书,46页)。

那年,他就早早地在《理想》第54号(1935年4月)的"海德格尔哲学"特集号上发表了论文《海德格尔那里的地平问题》。

根据金杭的论述(Kim,2014,pp.97-102),朴钟鸿在1950年代曾提出"民族"概念;在他那里,"民族"概念是对共有语言和生活世界的人们的自我构成。这不是现代国民意义上的普遍性概念,而是超克了现代的、韩国化了的概念。而且,朴钟鸿认为,这种"民族"的确立是在1960年的四月革命,而随后的朴正熙政权创造了新秩序。在这一点上,他与完全否定四月革命与其后政治的咸锡宪形成了尖锐对立。① 不久之后,朴钟鸿与朴正熙政权合作,参与制定了与教育敕语有着类似修辞和内容(对于国家的臣属)的《国民教育宪章》(1968年);然后,到了1970年代,身为总统教育文化担当特别辅佐官,朴钟鸿为维新体制效力了六年多。

关键问题是"民族"的概念。这应该是超克西方现代性时需要找到的、向着更大的普遍性敞开的韩国式概念。在这个意义上,也未必不可设想它与咸锡宪的"シアル"相联系的可能性,而且,如朴倍暎所说(朴,2010年,201页以下),朴钟鸿的思想不仅包含西洋哲学,也包含以朱子学为中心的儒教思想。但这不过是对儒教思想的体面利用,儒教思想本来就是被现代所超克的东西。因此,咸锡宪并非透过老庄思想而发现了大地之民,他思考的始终是现代性"主体"这一"可普遍化"(而非"进行普遍化")之物的适用性问题。换言之,正如井上哲次郎将国民和明治维新以及随后作为国家的日本联系在一起,朴钟鸿的"民族"也与维新体制以及作为国家的韩国联系在一起。

朴倍暎指出,"为什么这一'创造'的对象必须是国家,这个问题未必清楚"(同上书,206页);而以迄今为止的考察为前提作出回答的话,那么这或许是因为无法以有别于天上的普遍性的方式来构想

---

① 咸锡宪说"四・十九革命是一场失败"(咸,2001年,32页),并对下文会论及的朴钟鸿所代表的"民族"话语施加批判(同上书,441页以下)。

超越国家的普遍性。由于急着超克现代性,而止步于将作为"可普遍化"的普遍性置于中间形态那里,不是吗?

在金杭也引用过的、朴钟鸿的《新历史的创造》(1973年)中,有这么一段话:

> 如今我们期盼的新历史,一言以蔽之,即民族中兴的历史,也是以此为目标的维新历史。这当然是对现代化进行思考,但需要留意的是,这是当代而非现代的现代化,是拥有不同于西方之传统的"我们"的现代化。① (朴,1998年,551页)

我们也想在此重提同样的问题。这个"我们"究竟是谁?②

也许我们可以追求的是,构想一种无法原原本本地还原到国家那里去的"我们",而这也是重新思考"地上的普遍性"的意义。

---

① 此处的翻译受到了柳忠熙的指教。
② 参见小仓纪藏在确定朴钟鸿哲学的界限时的论述:"朴钟鸿的哲学道路始于在殖民地时代追求'民族思想''民族哲学',其归结却不得不是'国民'这一妥协点。这既是时代的制约,也是其思想本身蕴含着的内容。"(小仓,2012年,346页)

第三部分

现代语境下作为思想的语言(2)
——窥见的秘密

第三部分尝试从语言的微分次元那里发现的精神性/灵性和神秘角度,考察现代语境下作为思想的语言。

第六章讨论了谷崎润一郎、织田作之助、川端康成和中上健次等描写关西的作家。在现代的进程中,作为本土精神性/灵性的"神灵(かみさん)"变成什么样了?它一方面在文学想象力中得以恢复,另一方面却被破坏和边缘化,这些记忆犹新的伤痕也进一步被揭示。在看到现代性的光与影时,如何能够恢复本土的精神性/灵性?与之相对,罗伯特·贝拉(Robert Bellah)把这种本土的"精神性过去"重新放到"根本性的新语境"下,将它向不同文化敞开,认为这正是如今全球市民社会的重要条件之一。

第七章探讨了井筒俊彦如何通过被认为与儒家话语相对抗的老庄思想来思考"神秘"的问题。他一方面继承了铃木大拙及其"日本式灵性"的概念,另一方面则通过研究伊斯兰教神秘思想,认为"神秘"不是暗藏于超越现实之处的东西,而是活动于现实的根底、在现实中浮现的东西。那么,如何再次触及这种神秘呢?井筒从老庄思想的语言批判出发,对此进行思考,并且,在井筒那里,我们也可以看到空海的论述跨越时间的复苏。

在"代结论"部分,我探讨了井筒的空海论,尤其是与"语词"相关的分析,以此结束对于"作为思想的语言"的考察。

第六章　本土的精神性与现代
——从日本现代文学出发

如何以不落入本土主义的方式思考地上的普遍性？在此,我想从现代日本文学出发考察这个问题。"现代"作为一种运动,也生产了下面这样的人:他们被迫离开自己的土地、文化、语言,也始终未能建立起能够创制共同体的那种交流。这种连根拔起的经验、丧失的经验,构成了现代日本文学的一大主题。本章试图从现代语境下遭到边缘化的方言以及本土精神性恢复及其失败的角度出发,对这个问题进行考察。

1 "神灵"之所在

机缘凑巧,有一次我请作家柴崎友香朗读了三篇小说作品的一部分。[①] 第一个作品是谷崎润一郎(1886—1965年)的《猫与庄造与两个女人》(1936年)。柴崎女士以温和的关西方言朗读了小说的开头,从她的诗性朗读中清晰浮现出作为关西精神性的一部分的"神灵(かみさん)"。

> 说真的,人的命运这东西,谁在什么时候有什么遭遇,除了神灵之外是谁都不知道的,羡慕或憎恨他人的幸福,真是愚蠢啊。(谷崎,1967年,265页)

这个作品开始于庄造前妻品子写给现任妻子福字的信,内容

---

① 2014年5月18日于饭田桥文学会。饭田桥文学会是以平野启一郎为中心,于2013年4月成立的文学集会。参见 http://iibungaku.com/,2022年5月11日访问。

是要把母猫莉莉让给她。由于信是由书面语写就,所以并没有像对话那样直接进入关西方言所开启的、具有独特触感的世界。但是,当柴崎女士把"神灵(神樣)"读作"かみさん"而非"かみさま"的时候,聆听其朗读的人就一下子被带入了关西方言所构筑的世界之中。

身为纯粹的江户人,谷崎在1923年关东大地震后搬到了关西。稍早之前,谷崎就已经被关西所吸引。这源于一种"异国情调":"好像外国人珍视广重的画那样,在异国情调上对旧日本产生热爱。"(谷崎,1968年,23页)那么,这种"异国情调"的核心是什么呢?例如,其中之一是欣赏大阪传承下来的人偶净琉璃的"文乐"那样的东西(たつみ,1992年,15—27页)。

但是,如果我们相信谷崎所说的——"我知道日本旧都附近残留着北京、南京、江苏、浙江一带所具有的古代东洋之佳处"(谷崎,1968年,24页)——那么或许应该说,谷崎试图在关西语言和生活所体现的精神性中找寻的,乃是"古代东洋"等地域更广的普遍性。比起赏玩古董式的传统,毋宁说谷崎试图寻找的是以东京为中心的现代日本所丧失的、在可呼唤为"かみさん"的本土精神性周围形成的文化和社会纽带。

继谷崎之后,柴崎女士朗读了大阪出生的两位作家的小说,即织田作之助(1913—1947年)的《木之都》(1944年)和川端康成(1899—1972年)的《反桥》(1948年)。

《木之都》开头如下:

> 据说大阪是没有树木的都市,但我儿时记忆却不可思议地和树木联系在一起。
> 那是生国魂神社境内据说栖息着蛇的、可怕而让人不敢靠近的老樟树,是晾干那落入北向八幡境内莲池而浸湿的衣物的银杏树,是中寺町寺院境内隐藏蝉色的老松树,是将源圣寺坂和口绳坂覆上绿色的各种树木——我绝非生长于没有树木的都市。至少对我而言,大阪不是没有树木的都市。(织田,2013

年,333页)

根据佐藤秀明的解说,这个作品"以满不在乎的口吻反驳了大阪前辈作家宇野浩二在《大阪》(小山书店,昭和十一年四月)中'没有树木的都市'的记载"(佐藤,2013年,371页)。归根结底,宇野的《大阪》对谷崎润一郎有着充分的意识,试图在自己居住的岛之内的伯父家中,也就是没有树木的"小路"中找寻"往昔大阪的原貌"(宇野,1973年,122—129页)。相对于宇野的岛之内"小路",织田作之助居住的是作为高台"小路"的上町,镰仓歌人藤原家隆(1158—1237年)曾在那里歌咏向浪花之海西沉的夕阳。织田在意识到宇野和谷崎的同时,也试图提示另一种"往昔大阪的原貌"。

柴崎女士最后朗读的是川端《反桥》最后部分中的段落:

> 我五岁时有没有跨过住吉神社的反桥?对此我有些记不清是梦是真。(川端,1992年,17页)

不期然地,两位作家追忆大阪记忆的场所都是神社。织田描写了自己出生地天王寺区生玉町"小路"附近的生国魂神社及其周围的社寺的绿树,而川端选为作品舞台的住吉神社,则是《梁尘秘抄》中,被足利将军义政、义尚父子选为"歌切"的《伊势物语》中,以及奈良绘本以来诸多住吉物语中歌咏的记忆场所。

顺便说一下,关于谷崎的《猫与庄造与两个女人》川端说道:

> 谷崎润一郎氏的《猫与庄造与两个女人》的对话用的是大阪方言。对于生长于大阪乡下的我来说,能从中听到声音,这种感觉一直延伸到陈述部分和作品中人物上面。不熟悉大阪方言的读者大概是不明白的。执拗、浓烈而浅薄的主人公庄造,实在有大阪味道,而这也是作品本身给人的印象。(川端,2003年,366页)

川端在文艺时评中反复提到谷崎的作品,而有意思的是,他将对于《猫与庄造与两个女人》的评论,放在自己宣告停笔文艺时评的《告别的时评》最后。在找不到值得谈论的作品的情况下,虽然他认为谷崎的这个作品"谈不上是极好的佳作"(同上),但也能吸引读者且值得一读。这正是因为谷崎所描写的大阪特色,也就是"执拗、浓烈而浅薄"的魅力,深深吸引了川端。

因此,"神灵"就居住在大阪"小路"上的神社及其空间内。谷崎、织田和川端在经历现代文学的矛盾的同时,试图从这种本土的精神性及其产生的文化和社会纽带中,编织出文学性的普遍性。

2 "神灵"的变样
——中上健次

但是,这之所以可能,或许是因为迄今所说的都是关西中的"京阪神"地区。例如,在纪州和歌山那样的地区,上述所论就很困难,不是吗?这种问题也许会被问及。作为例证之一,同样围绕"小路"的场所,中上健次(1946—1992年)描述的熊野,就呈现了与谷崎在"旧都"发现的"古代东洋之佳处"完全不同的面貌。这个"小路"是被差别部落的所在,是本土的精神性遭到破坏、落下其深深影子的所在。在那里,文化和社会纽带反而成了将人们吞噬的东西,记忆与其说通往拯救,毋宁说作为宿命而纠缠着人们。这个令人难以忍受的干枯世界,产生于现代的解放和连根拔起所带来的过于扭曲的对立运动。即便如此,上述作家们也可以诉诸"神灵"而迈向拯救,但是,"神灵"却在这里变样为另一种可怕的东西。

中上健次在《枯木滩》(1977年)中刻画了这种可怕的"神灵"。主人公竹原秋幸所直面的、他试图全面否定的,就是将"小路"烧毁殆尽的神。这个神拥有几种面貌。它是亲生父亲浜村龙造,是被龙造自己认作祖先的浜村孙一,是和孙一相重合的、位于熊野山中的"被称为巨人的大块头单脚神"(中上,1995年,450页),也是继承这一血统的自己:

我想明确告诉那个男人。这个男人的同父异母的儿子,杀了这个男人的孩子。这个男人的远祖——浜村孙一的血脉,杀了浜村孙一的血脉。一切都是这个男人的性器官产生的灾祸。不,如在山上匍匐一般拖着跛脚、向光和海的方向滚去的那个虚构的、发热病的浜村孙一的性器官,在几百年后的今天,制造了以血戮血的凶杀。(同上书,454—455页)

血的宿命,是事后确立的虚构。这种事态的发生,恰恰是因为到了现代,"神灵"发生了变样,个人被从文化和社会纽带分离开来而成了神。中上健次在去世的两年前创立了熊野大学,他在其构想《檄文》(1987年)中,关于"现代"如此写道:

　　熊野人的真心话恐怕是,已经忍无可忍了。远祖们被黑潮波涛的丰富所吸引,定居在这片熊野之地,这是几千年前的事了。畏神敬佛,清白度日。这是当时的样子。

　　以为火车马上就会全通,结果一眨眼的工夫,车次减少了。熊野的"现代"来得最迟,走得却最快,是这样吗?那么,把"现代"所破坏的大山还回来。把空地还回来。把熊野川的川原的黑沙石还回来。把人情还回来。把灵魂还回来。

　　熊野。在这里出了子宫、晒着日光的我,也已经四十了。不需要说空话。要让这里变成丰饶的、灵魂得以安详和充盈的所在,那么就要行动。作为本宫、那智、速玉的三山之僧兵(氏族子孙)也罢,水军(海贼)也罢,跨过大山大海,与残害熊野的人们(东西们)战斗吧。(中上,1996年,581页)

如同战神素盏鸣尊一般,中上试图着手再度恢复场所。这正是通过熊野大学、通过文学空间、通过想象力之介入所进行的恢复。中上所描绘的"小路"背后,有着那已经不再是"好好栽培树木之场所"的枯木滩(中上,1995年,450页)。这象征着"'现代'所破坏的大山",但不仅仅是遭到荒废的自然,也是遭到破坏的"仿佛"的想象力空间。

让我们回想一下:明治政府于1906年发布神社合祀令,将作为各村本土的精神性支柱的"神灵"所在的神社进行合并,规定一町村一社,而其最严苛的实施地区之一就是和歌山。南方熊楠(1867—1941年)凭借在熊野森林锻造的独特的"灵魂"论,对此展开了抵抗斗争。① 尽管如此,和歌山的本土精神性还是不断遭到蹂躏,而且是以日本现代最残酷的方式,也就是彻底破坏想象力空间的方式。

3 全球市民社会与本土的精神性

不过,我们无法像号称"想要否定一切"(同上)的《枯木滩》主人公竹原秋幸那样,否定现代的一切。现代有着光与影,用刚才的话说,一方面有着连根拔除的深深阴影,另一方面也有人类解放的光明。那么,在全球化不断迈进的今日世界,如何一方面遏制现代的破坏性力量,另一方面促进现代的伦理性侧面?

宗教社会学者,也是丸山真男的盟友贝拉(1927—2013年),从全球市民社会和宗教的观点,考察了上述问题。在去世前进行的东京演讲中,贝拉如此说道:

> 哈贝马斯提起的最根本问题是,全球市民社会和某种全球统治是否可能。这种市民社会和统治,与其说要替代民族国家,不如说要为已然全球化了的经济所带来的自治加上一定的限制。因此就产生了"我们究竟是什么样的人"这个问题。例如,这是不是说,我们作为美国人或中国人而接受共同全球成员的观念,就要为了墨西哥人或越南人放弃自己的一部分东西?正是在这一点上,我认为有必要追问:什么东西能与全球经济学比

---

① 中上健次提到,自己和南方熊楠无比接近(中上,1996年,607页)。关于南方熊楠的"灵魂"论与神社合祀反对运动,参见拙论《灵魂的存在与国家的道德——中江兆民、井上圆了、南方熊楠》。

肩,成为我们思考全球性市民权利——它能缓和[全球性经济带来的]过剩——之时所需要的文化资源? 抽象性宪法上的爱国主义就足够了吗? 在此,我们必须考虑的是,如果要成为全球性市民社会成员,而这至少会带来短期性牺牲,为此需要何种哲学性和宗教性的资源。(贝拉,2014年,16页)

作为全球市民社会的支撑,尤尔根·哈贝马斯(Jürgen Habermas,1929年生)所说的那种"抽象性宪法爱国主义"(同上书,22页)是十分不够的,有必要重新锻造能够体现现代伦理性原则的"哲学性和宗教性的资源",贝拉如此认为。而他在这里参照的是轴心时代登场的世界宗教,即基督教、佛教和儒家学说。不过,宗教若不经过自我批判,反而会把问题变得更为严重。"如果宗教具有可以真正在地球规模上强化连带感并进行一般化的能力,那么这只有在自我批判那里并通过自我批判才能做到"(同上书,23页);在这句话中,我们可以看到贝拉作为宗教社会学者在对宗教进行持续思考的过程中抱有的强烈意愿。

贝拉著名的"市民宗教"概念经由这种自我批判,成为一种[特殊的]本土精神性:它具有向其他文化价值敞开的普遍性。在2007年于加州大学伯克利分校进行的"丸山真男讲演"上,贝拉就查尔斯·泰勒(Charles Taylor,1931年生)所谓"天主教"说道:

> 三位思想家[丸山真男、哈贝马斯、泰勒]都认为,伦理形式上的现代并非某种必然性的未来趋势。在"现代"这一时代中,有着各种各样的趋势,现代所产生的骇人的精神废墟,也即泰勒提出的"多佛海岸"式的视角①中间,不断产生出摩擦。在这种不断的摩擦中,所谓伦理形式上的现代,至多不过是部分性的、不稳定的实现。丸山几乎对从前现代那里学习不抱有希望,而哈贝马斯则对前现代表示尊重,并对其丧失略感惋惜。不过,泰

---

① 对此参见 Taylor,2007,p.570。

勒是三个人中唯一放弃前现代的,换言之,他明确感到现代抹去了我们的精神性过去,可能会变成没有回头路的灾难。和另外两个人一样,泰勒既强烈肯定伦理性的现代方案,同时也只有他肯定了前现代文化。换言之,泰勒实践着天主教。

很长时间以来,泰勒仅仅偶尔谈及他人生中的这一部分。但是,在1999年讲的课"天主教式的现代?"中,泰勒明确作为天主教徒发言,而到了[1998年的]"基弗德讲座"《世俗时代》[当初名为"世俗时代下的生活"]中,也同样如此。哈佛大学出版社今年[2007年]秋天要出版《世俗时代》。泰勒在1999年讲课时,甚至举出了利玛窦的例子。利玛窦是十六世纪后期至十七世纪初期前往中国的天主教耶稣会的伟大传教士,为泰勒想做的事情做了榜样。利玛窦一方面理解明末中国的根本性异文化并承认其价值,另一方面则将自身传统所具有的见识,输入在他看来是根本上全新的语境之中。与此相同,泰勒认为,对于如今的天主教徒而言,现代西洋世界虽然有着天主教的根基,但根本上与天主教有别,天主教徒要理解这一点并认识到其中的价值,进而思考自己能为之带去什么。但是,泰勒认为,同时站在两个世界上,一边是现代性,另一边是天主教,这意味着与两者都保持距离。最终,他试图回避的是两种态度,一是某种超保守主义的反应那里对于现代的全盘否定,二是对于现代的无批判接受,仿佛天主教事实上始终都是现代的。(贝拉,2007年,22页)

贝拉谈论丸山真男、哈贝马斯和泰勒三位思想家,是因为他们都是持续思考"现代及其挑战"(同上书,7页)的同时代人。贝拉指出:"要言之,三人不仅是学者,也是实践者,为民主主义的伟大现代理想献身。"(同上)但是,这完全不是无条件地肯定现代性。就像在刚才引用的文章中最后谈到的,有必要回避"两种态度:一是某种超保守主义的反应那里对于现代的全盘否定;二是对于现代的无批判接受,仿佛天主教事实上始终都是现代的"。而三人中尤其受贝拉瞩目的是泰勒,因为他试图思考一条独特的道路,既保持天主教,同时也肯定现代性。

在这里,如引文所述,泰勒批判了"'多佛海岸'式的视角"。这个视角是英国诗人马修·阿诺德(Matthew Arnold,1822—1888年)的诗歌《多佛海岸》所哀叹的、世界向现代变化的过程:过去的信仰之海已经丧失,变得荒凉,裸露的石头构成了现代世界。①

如何以新的方式同时肯定现代与宗教?泰勒认为,这种努力就得像在中国传播基督教的耶稣会士利玛窦那样,研习中国古典和语言,然后让中国思想和基督教相互发生变化,创造出所谓"中国式基督教",而且,在贝拉看来,按照至此为止的论述,要做的是把本土的精神性或灵性的"精神性过去"重新放置在现代的"根本上的新语境"下,朝着普遍性敞开。② 贝拉认为,这种重新放置的做法,构成了全球性市民社会的重要条件之一。

根据贝拉的论述,我们如今必须重新对"神灵"和与之同时存在的"精神性过去"进行思考。这不仅要求我们像谷崎那样打开"古代东洋之佳处",而且需要致力于打开某种别样的未来。而这也关系到如今"文学"的具体实践会呈现出什么样的"小路"。如果没有洋溢着本土精神性的"小路",那么全球性市民社会也是不成立的。但这恐怕会是非常困难的实践。超越中上健次奋战过的"小路"不是一件容易的事。如何同时恢复被深深的阴影纠缠着的现代和本土的

---

① 关于泰勒对于"'多佛海岸'式的视角"的批判,参见新井健一郎《解释与批判之间——论查尔斯·泰勒的全体论及其困境》,特别是49—51页。
② 奥村隆将贝拉所构想的普遍性与朱迪斯·巴特勒(Judith Butler)的复数普遍性构想相对比,认为"贝拉用共同体产生的普遍性来批判共同体本身,因而站在'共同体的外部'。这种'共同体的外部'没有立足点,但通过将某个共同体的'个别'性产生的理念视作'普遍性'(作为视点或乌托邦),从而持续批判产生这一理念的共同体本身的现实,站在共同体的外部才有可能,而且也只能站到共同体的外部"(奥村,2017年,342页)。这种批判性的"个别"与"普遍"的张力,恰恰是贝拉所需要的,而如果全球性市民社会得以可能的话,也有赖于与"共同体的外部"之间的对话。

精神性？这只有通过改变对于普遍性的探索进路才能做到。①

---

① 在2014年2月17日于"东京大学共生哲学国际研究中心(UTCP)"举行的座谈会上，上海华东师范大学的许纪霖教授提出了有关战后日本社会的精神性支柱的问题。对于这个问题，我只是回答了"宪法"，而他追问道，这跟哈贝马斯的宪法爱国主义有什么不同。在没有轴心性世界宗教的社会，究竟应该如何重新锻造"精神性过去"？或者说，即使是在具有轴心性世界宗教的社会，为了参与全球市民社会，该如何进行"自我批判"？而无论是何种情况，如何才能面向普遍性？本章虽然提到了"文学式性的普遍性"的可能性，但也只能给出暂时的回答。

第七章 关于神秘
——井筒俊彦与老庄思想

文学式想象力所开启的本土的精神性,一方面与本土主义保持距离,另一方面也扎根于具体的场所并具有普遍性。井筒俊彦(1914—1993年)在思想上承接了这一困难,提炼了独特的语言思想。井筒试图继承的是第五章谈到的铃木大拙的问题系。他尤其深刻考察了大拙关于神秘的问题。在此,我要探讨的是井筒的《伊斯兰神秘主义与道教》。井筒谈论的道教是老庄思想,而这对第五章提到的咸锡宪来说,也是思考"朝鲜式基督教"时不可或缺的、对本土的精神性予以阐明的东西。

在井筒(或大拙)看来,正如空海那里的"神秘"概念一样,神秘一方面附着于日常,另一方面又处于和日常不同的次元上,是由语言表达出来的某种东西。

1 比较思想和"永恒的哲学"

在井筒俊彦那里,老庄思想是什么?对于考察这个问题,《伊斯兰神秘主义与道教》(1983年)至关重要。这本书于1983年由岩波书店出版,而原本是庆应大学言语文化研究所的纪要。在1956年担当了第一卷《语言与魔法》(*Language and Magic*)的执笔以后,井筒就在这一纪要上持续致力于英语论文的写作。他在1966年的第七卷讨论了伊斯兰神秘主义,在1967年的第十卷讨论了道教,这些文本之后得以被书籍化。

但是,重新想一下的话,会感到有些不可思议的地方。在分别讨论了伊斯兰神秘主义与道教之后,再把它们合为一册书籍。可是,井筒的思考方式并非如此,他指出,将伊斯兰神秘主义和道教进行比较才是重要的,为此无论如何都得汇集成一本书。

比较思想和比较哲学本来就不是容易的学问。首先,要透彻理解应予比较的几种思想或哲学就是很难的事情。不仅如此,需要做的并非仅仅是把两种思想或哲学放在一起讨论异同,而是要进一步在哲学意义上思考:比较相异的思想和哲学,究竟是在干什么?

井筒对于上述困难有着很好的把握,他写道:

> 如本书第一部分序言所述,此研究开始之际,对我起到推动作用的是一种确信,即科尔班(Alain Corbin)教授所谓"元历史中的对话"在今日世界情势下带有紧迫的必要性。人类历史上,没有出现过像如今这样让人深切感到世界各国间亟须相互理解的时刻。"相互理解"可以在各种现实层面加以实现,至少可以加以把握。其中最重要的一点是哲学层面上的"相互理解"。多多少少与世界现状和实际条件紧密相关的人们的关切,有着许多的层面,其中哲学层面的特征在于,提供或准备适当的场所,使得这里提出的"相互理解"能通过元历史的对话形式得以实现。我认为,通过在方法论上实现元历史的对话,最终能在这一说法的极限意义上结晶为"永恒的哲学 philosophia perennis"。因为人心的哲学律动和年龄、场所、民族无关,在最终和根本的意义上,都是"一个"。(Izutsu,1983 年,469 页)

这里提到的科尔班(1903—1978 年)年轻时曾师从因《中世纪哲学的精神》(1932 年)著称的艾蒂安·吉尔松(Étienne Gilson,1884—1978 年)。此后,他跟从海德格尔学习了现象学和本体论,将海德格尔的《何谓形而上学》译为法语,并将其方法运用到伊斯兰神秘主义的解读之中,是一位研究伊斯兰哲学的学者(永井,2013 年,158—165 页)。在日本,他因《伊斯兰哲学史》而为人所熟知。井筒和科尔班非常熟悉,上述引文中也提到,科尔班所谓"元历史中的对话"说的正是比较。

稍加引申,可以说这里设想的比较不是两样东西的单纯对话,而是在元历史那里的对话;因此,除了对被比较的对象进行历史叙事,还要在"就此而言"的元层次的哲学次元上展开对话。井筒通过比较,找到了诸宗教和诸思想所共有的"永恒的哲学";这种"永恒的哲学"具有超越一切文化差异而成为"一"的宏大设想。

在《伊斯兰神秘主义与道教》中,井筒让伊斯兰神秘主义者伊本·阿拉比(Ibn 'Arabī,1165—1240 年)与中国神秘主义者老庄进行对话,由此触及"永恒的哲学"。对于老庄思想的讨论正是基于这种基本结构。

2 老庄思想与南方萨满教

那么,让我们详细探讨一下井筒对于老庄思想的论述。从如今的研究来看,老子和庄子在思想上非常不同,将老庄放在一起讨论,需要作一定程度的保留(中岛,2009 年,9—14 页)。不过,在井筒撰写《道教》的五十多年前,"老庄思想"的说法普遍流传,现在这一倾向也仍然存在。因此,井筒不认为老子和庄子有何不同,而是将两种思想联系在一起,试图从中把握某种结构。在考察了与老庄思想有关的文献学研究之后,井筒试图将它定位在南方萨满教的系谱之中。

一般来说,萨满教是以"萨满"——他往往受到某种启示而吐露神秘语言或托口他人发言——为中心的原始宗教形态。井筒认为,老子的思想的形而上学深度,与南方残留的古代中国萨满式心性有关:

> 将老子与南方之国楚国相联系,这并非单纯的偶然一致。因为《道德经》整体上流淌着某种楚国精神。我所谓"楚国精神",本来应该叫做萨满式的内心倾向或萨满式的思考样态。楚国是位于中原文明王国的南方边缘的大国,充满了野性的土地、河川、森林、大山,在自然的意义上很丰饶,而在文化的意义

上却很贫瘠。很多并非起源于中国的人住在那里,有着多样而奇妙的风俗。在那里,对于超自然存在者和精灵的所有种类的迷信式信仰非常跋扈,萨满式的实践非常繁荣。……无论如何,我认为老子思想的形而上学深度,满可以从它与古代中国萨满式心性的联系上予以说明。它可以被追溯到最古的历史时代甚至往上,经过了中国文化的漫长历史,尤其在中国南方得以繁荣。(Izutsu,1983年,290—291页)

井筒的宏大战略是要从老庄思想中揭示中国的神秘主义。为了使老庄思想成为一种神秘主义,无论如何都得把它定位在南方萨满教或古代中国的心性那里。因为井筒认为,虽然曾经存在过萨满教,但中原或北方的文化在此后经历了合理性的洗练。与之相对,在南方的老庄思想那里,北方已经消失的神秘思想和萨满教得以残留下来。

再让我们看一下《意识与本质》(1983年)中的相关论述:

> 将当前在此讨论的问题——从表层意识向深层意识的推移——以最原初也是最明确的形式呈现出来的,恐怕当属萨满教。因为在萨满教那里,日常的意识和萨满式的意识事实上往往是截然分离的。让我们以堪称古代中国萨满教文学最高峰的《楚辞》为例,对此稍加考察。
>
> 我认为可以将《楚辞》中呈现的萨满式实存,理解为由自我意识的三个层次,或不同次元的三个阶段所构成的意识构造体。第一是以经验性自我为中心的日常意识。第二是在所谓"自我神化"过程中逐渐开启的去现实性的主体性意识。第三是游走于纯粹的萨满式意象性空间中的主体性意识。(井筒,2014年a,181—182页)

第二章已经详细探讨了《楚辞》,不再赘述,但《楚辞》是不同于北方《诗经》的南方诗歌,其象征是悲剧性人物屈原。井筒将它理解为萨满式的东西,并试图把这种意象适用于位于同一系谱上的老庄思想那里。

3 神秘与人格

那么,在井筒那里,老庄思想的神秘有什么独特性?让我们看一下下面这段话:

> 《楚辞》的产生有赖于屈原心中以原始萨满教的眼光看待世界的做法。同样,相同的萨满式世界观只有根据个人的哲学性天才,才能提高到更为深远的形而上学那里。(Izutsu,1983年,291页)

> 事实上,就整体而言,《道德经》是明显带有一个不同寻常之人的人格,即带有萨满哲学家色彩的独特作品。(同上书,292页)

井筒指出,为了表述神秘,个人的人格是不可或缺的。《楚辞》是这样,《道德经》(《老子》)也是这样。不过,这是非常具有挑战性的说法。因为哪怕在井筒时代的老庄研究那里,《老子》和《庄子》通常也被认为是经由不止一人之手写就的著作。

然而,井筒对此采取否定态度。如果真的要将神秘作为问题,就必须设想体现这种神秘的单一作者或人格。因此,就整体而言,《道德经》(《老子》)必须带有一个不同寻常的超俗之人的人格,带有萨满哲学家的人格。由此可知,在井筒看来,不存在缺乏人格的神秘。神秘只有在人格那里才能呈现,也只有根据人格才能观测。这就是井筒的哲学性决断。哪怕从文献的实证研究来看存在问题,井筒也试图通过关注神秘那里的人格而找到能够逐渐深入"元历史"的次元。

为了加强论据,井筒从老子文本中抽取了第一人称的相关段落。例如,《老子》第二十章写道:

> 绝学无忧。唯之与阿,相去几何。善之与恶,相去何若。人

之所畏,不可畏畏。荒兮其未央哉。众人熙熙,如享太牢,如登春台。我独泊兮其未兆,若婴儿之未孩,乘乘兮若无所归。众人皆有余,而我独若遗。我愚人之心也哉,沌沌兮。俗人昭昭,我独昏昏。俗人察察,我独闷闷。忽兮其若晦,寂兮似无所止。众人皆有以,我独顽且鄙。我独异于人,而贵食母。(《老子》第二十章)

绝学则无忧。礼学区分唯(对年长者的正确回应)与阿(缺乏敬意的顶嘴),但究竟有何区别?善与恶究竟有何区别?人所畏惧者,不能不畏惧。

放弃学习,则无所担忧。
说"是"和说"嗯",有多大区别?
好的东西与坏的东西,有什么区别?

"他人所畏惧的东西,我也要同样畏惧。"
啊,我与此距离多远啊。因为(在这种原则这里,)在这无边的旷野上绝对没有边界。

大多数人皆明朗快乐,如受邀赴豪奢宴会,如为赏春之景色而登上很高的建筑。
唯有我一人一言不发,不显示动作的预兆。
如刚出生的赤子,连笑也尚且不知。
我无比孤独,仿佛无处归去。
众人皆有充分的东西,唯有我仿佛空空如也。
我的心正是愚者的心。愚钝,混沌。
俗人皆巧言贤明。唯有我昏愚迟钝。
俗人皆机灵敏锐。唯有我钝感迟缓。
我就像不断起伏的大海。

就像刮不停的大风。

众人皆有要完成之事。唯有我一无所用,始终粗鄙。我与其他众人不同。

因为在我这里,从"母亲"那里获得食物才是重要的。(井筒,2017年,68—69页)

这里引述了《老子》原文、福永光司(1918—2001年)的"汉文和读"的改写①和井筒的译文②。中国哲学研究者福永醉心于存在主义,并致力于将它用于老子和庄子的阐释,对于老庄思想有着和井筒非常相似的立场。这也证明井筒的思想绝不是孤立的。福永对《老子》第二十章作出了如下解说:

我们已经说过,《老子》是一部哪里都看不到专名的不可思议的著作。然而,在这部没有专名的《老子》中,使用第一人称代名词"我"的论述却时有出现。第十七、二十、四十二、五十三、五十七、六十七等各章皆然,而最多使用"我"这个说法的,就是第二十章。

如果说专名的缺失象征着老子强烈致力于超越时空的永恒不变之真理、致力于根源而非现象、致力于原理而非人格,那么老子使用第一人称代名词"我",可以说就象征着孤身一人面对这种永恒不变的真理,象征着向"道"独语的觉醒之人的忧愁与欢喜。(福永,1978年a,上,154页)

这里清楚表明,福永和井筒一样注意到老子的"我",进而讨论了"人格"和"永恒不变之真理"。他以存在主义为背景,从老子那里读出了"人格"或"孤身一人"。

让我们也看一下关于庄子的论述。井筒就庄子说道:

在不牵扯殷王朝与宋人的历史关系的情况下,冯友兰在

---

① 中译本从略;下同。——译者
② 井筒的译文原本是英文。这里采用的是古胜隆一的日译文。

《中国哲学史》中非常恰切地指出,庄子的思想形式与楚人很接近。"应该想到宋与楚毗邻的事实。因此,[宋人]庄子很可能一方面受到楚的影响,同时也受到论辩者们的思想影响(回想一下,惠施的出身就是宋)。如此,通过运用后者的论辩,庄子得以为其高迈的思想赋予秩序,并将它明确为统一性的哲学体系。"(Izutsu,1983 年,294 页)

简单来说,我认为老子与庄子的道教世界观是这种萨满式思考样态的哲学性洗练或顶点。换言之,这是哲学的某种特定形式,也是从某种特定的人的人格性实存经验那里产生的东西。这些人可以在意识的超感觉平面上观察事物,可以在绽出的意义上与绝对者相遇,拥有从绝对者那里发出的原型性意象。(同上书,300 页)

如这里所述,井筒在讨论庄子的时候,也跟讨论老子时一样,认为他的思想受到了南方尤其是楚国的影响,进而将它理解为"萨满式思考样态的哲学性洗练或顶点"。

4 神话制作与创造性的想象力

不过,老庄思想并不止于原始形态的萨满教。这里有着"哲学性的洗练"。这种洗练得以可能,靠的是什么呢?井筒认为,靠的是"创造性的想象力":

对于萨满式的心性来说,我首先想要考察的最为典型性的样态之一,就是"神话制作"(mythopoiesis)的现象。萨满从定义出发,在绽出性的-原型性的景象中感知到与一般人凭借感觉经验在通常状态下见到的东西完全不同的东西。当然,这也意味着,萨满也凭借与一般人完全不同的方式对世界本身加以解释并将它结构化。萨满的现实经验的最为明确的特征是,事物以象征性的、神秘性的形式,呈现在他们的"想象性"意识之中。萨满在这种超越状态中看到的世界是"创造性的想象力"的世界。这是科尔班为之赋予的恰切说法,尽管它仍然很粗糙。在这个意识层次上,我们在自己周围感知的事物,离开了它们自然的、常识性的实存样态,将自己变成意象和象征。而一旦这些意象随着固有的展开模式得以被体系化和秩序化,神秘的宇宙论就随之产生了。(同上书,302页)

我们通常看自己想看的东西,或看我们认为可以看到的东西。但是,如果充分发挥想象力,就能超越想看之物的境界,或超越自己认为可以看到之物的范围来观看事物。例如,当我们阅读优秀的小说时,现实可能看起来就不一样了,而观看优秀的电影时,走出电影院之后,风景看起来可能也和之前不一样了。人身上具有这种"创造性的想象力",而位于萨满教系谱中的思想家尤其具备这种想象力。①

作为运用"创造性的想象力"进行"神话制作"的例子,井筒提到了古代中国著作《山海经》。在这部鲁迅也喜爱的著作中,中国式想象力得到了淋漓尽致的发挥。例如,关于混沌有着如下描述:

> 又西三百五十里曰天山,多金玉,有青雄黄。英水出焉,而西南流注于汤谷。有神焉,其状如黄囊,赤如丹火,六足四翼,浑敦无面目,是识歌舞,实为帝江也。(《山海经·西山经》)

这个关于载歌载舞的混沌之神的景象,正是"创造性的想象力"的产物。而老庄思想也处于这个系谱中——众所周知,庄子那里也有关于混沌的故事:

---

① 高木智见提出了从萨满到史官再到老子的谱系。这里所谓的史官,虽然指的是记录历史之人,但本来的意思是"负责管理将天体运行实体化的时历,同时负责历史知识积累"的人(高木,2001年,382页)。这就是说,萨满作为天与人之媒介变成了史官,并进一步得到洗练,变成揭示"道"的老子(同上书,383页)。

> 南海之帝为儵,北海之帝为忽,中央之帝为浑沌。儵与忽时相与遇于浑沌之地,浑沌待之甚善。儵与忽谋报浑沌之德,曰:"人皆有七窍,以视听食息,此独无有,尝试凿之。"日凿一窍,七日而浑沌死。(《庄子·应帝王》)

确实,神话式想象力也留存于庄子那里。关于上述段落,井筒写道:

> 事实上,在东洋哲学传统中,这一次元的"存在"才是神或神以前的东西,例如作为庄子齐物论根据的"混沌"、作为华严的事事无碍和理事无碍的究极基础的"一真法界"、伊斯兰教的存在一性论那里的"绝对一者"等。(井筒,2014a,12页)

跟佛教的"一真法界"和伊斯兰教的"绝对一者"一样,庄子的混沌也是位于本质之前的"存在"。实际上,井筒在《意识与本质》中讨论的不是意识和本质,而是本质之前、超越意识的东西。在井筒看来,本质是构成我们所居住之世界的事物的原理原则。我们通过划分和区别世界来进行认识,尤其是哲学家们也一直在进行区分,就哪种区分更好而展开讨论。"本质"就支撑着这样的活动,但更重要的是作出区分并言说"本质"之前的东西,重要的是对本质之前的东西进行思考。老庄思想恰恰触及了这一点。老庄思想认识到,混沌是本质之前的某物。

那么,为了让上述议论不仅仅是神话制作的话语,而是成为某种形而上学,需要做什么呢? 在老庄思想那里,为了成为"道"的形而上学,也即成为"道教",需要做什么呢?

5 特殊的相对主义与"一"的神秘直观

井筒提出的是"混沌化"的方法。在我们所居住的世界,形成了将事物进行区分的安定秩序,这里没有"创造性的想象力"介入的余地。那么,如何才能抵达"创造性的想象力"所透露的、本质之前的混沌? 在此,井筒谈到了庄子的蝴蝶之梦,认为庄子进行了让现实回归于混沌的"混沌化"操作(Izutsu,1983年,311页)。

庄子的蝴蝶之梦如下:

> 昔者庄周梦为胡蝶,栩栩然胡蝶也,自喻适志与。不知周也。俄然觉,则蘧蘧然周也。不知周之梦为胡蝶与,胡蝶之梦为周与。周与胡蝶,则必有分矣。此之谓物化。(《庄子·齐物论》)

究竟这个蝴蝶之梦是否以"混沌化"为目标,我自己对此也有疑问(中岛,2009年,149—162页)。不过,井筒(和福永光司)试图将此理解为"物化"所带来的梦与现实之区别的消失,即分不清是蝴蝶还是庄子。

> 那么,让我们回到庄子将一切还原为类似于梦的存在样态的地点。在存在的世界里,没有什么东西能牢固地自我确立。用学术性语言来说,在对这一状况的记述中,除了"类似"或"显现",没有什么东西拥有不变之"本性(quiddity)"或"本质(essence)"。在事物的这种流动状态中,无论是什么东西,其自我同一性都已经不确定了。A是否真的是A本身,已经搞不清楚了。(Izutsu,1983年,314页)

不过,井筒并没有单纯否定本质和自我同一性。在此,他作出了如下值得注意的解释:

> 庄子那里的"物化"概念看起来和"轮回"的想法类似。然而,这种类似不过是表面性的。庄子并没有说,灵魂从一个身体轮回到另一个身体那里。在这一点上,庄子思想的核心在于,认为万物都是唯一之实在[道]的现象形式,在自我显现之际会依次采取不同形式。此外,如我们已经看到的那样,这种时间过程本身不过是现象。正确来说,一切都是永恒的、非时间性的,都是在存在层面上发生的东西。万物正是跨越时空的永恒的"一"。(同上书,316页)

"物化"与佛教的轮回转生似是而非。两者虽然都在现象层面否定本质,但根据佛教轮回的设想,一个灵魂会改变形状而回归,而在"物化"这里,并不设想灵魂的存在,而是设想了"跨越时空的""唯一的实在(reality)",也就是"道",认为"道"有着各种现象性的显现。此外,井筒认为,庄子的"一"("一者",unity)与伊斯兰教而非佛教相同(不然的话,《伊斯兰神秘主义与道教》的"元历史中的对话"就不成立)。

井筒的这种解释非常有意思。因为如果老庄思想是以超越本质为目的的反本质主义,那么或许可以说,那里有着像佛教那样,对作为最终依据的、超越于本质的"一"进行否定的可能性。

在井筒看来,老庄思想首先是对作为本质主义的儒家的否定。相对于通过正名分的"正名"来为世界赋予秩序的儒家思想,老庄怀疑语言、思索语言之前的东西,他们应是反"本质"主义者(井筒,2014a,293页)。井筒在这一点上,认为老庄思想是相对主义。相对于儒家区分不同立场,老庄不做区别,所以必然会陷入某种相对主义。但是,井筒明确说,这种相对主义是特殊的相对主义,而非通常的相对主义:

> 对于一般作为文化性、民族性或伦理性的"价值"而为人接受的"对立"和"区别",庄子的[否定性的]态度多多少少呈现为相对主义。可以说老子的态度也同样如此。事实上,这正是对于价值的相对主义思想。但是,很重要的一点在于,这不是在社会生活的经验性实用主义层次上理解的、通常意义上的相对主义。这是特殊的相对主义,是基于特殊的神秘直观的相对主义,即对于实存的"一"与"多"的神秘直观。这是"无分别"的哲学,也是实在的形而上学式经验的自然产物。在这种形而上学式经验那里,实在直接得到证明,在万物中得到多样化展开,然后再次回到根源性的"一"那里。(Izutsu,1983年,319—320页)

换言之,井筒并没有将老庄思想解读为任意的强相对主义(最终这种相对主义会落入肯定现实),而试图从中读出一种特殊的、弱的相对主义,后者具有对于超越相对主义的绝对性的"一"的神秘直观。形而上学要想成立,就是在这种"一"这里。肆意妄为的相对主义产生不了形而上学。井筒把阿拉比置于这种"一"的形而上学之中加以详细讨论,并将他和老庄思想相比较。

6 朝向"道"
——向上道

但是,为什么井筒如此重视针对"一"的神秘直观?为了理解这一点,就必须首先考察井筒在老庄思想的神秘主义那里看到的"向上道"和"向下道"。

井筒根据柏拉图的洞穴隐喻来说明所谓"向上道"和"向下道"。我们都处在昏暗的洞穴中,可以看到对面的光亮。柏拉图说那是善之理念的光亮,但我们却背对着它而生活。其中一人向善之理念走去,受到光亮之神秘的触动而攀登洞穴。这就是"向上道"。不过,柏拉图没有到此结束。关键问题不是看到善之理念,而是看到善之理念的人重新返回洞穴,向洞穴中人传达自己见到的经历。这就是"向下道",若没有"向下道",哲学就没有意义。井筒在《神秘哲学》(1978年)中写道:

> 神秘道得具备"向上道"和"向下道"的两面才能完成。它必须始终在"来往"。在完全的意义上,去而不回不是神秘道。仅仅是"去",而不保证"返回",那么神秘主义不过就是有害无益的独善主义。(井筒,2013年,300页)

井筒认为,这种柏拉图式的双重道路是神秘之成立所不可或缺的。如果是这样的话,那么老庄思想那里的"向上道"和"向下道"是什么呢?首先,由于"向上道"是看到理念,所以它就是朝向究极的实在,即朝向"道"[本身],并看到"道"[本身]。朝向道,但如何才能抵达"道"呢？在此，井筒提到了"心的纯化"：

> 对于从"常"人状态向真人状态展开，心的纯化是关键问题。"常"人要成为真人，就必须经过这个转折点。为明确这种经验的意义，让我们回想一下，之前关于庄子那里明确表达了的"以心为师"[《庄子·人间世》]的讨论。人自然向着自己的心和理性方面倾斜，遵照其命令而思考和行动。不管心让人相信什么，都是绝对正确的，不管心让人做什么，都是绝对善好的。换言之，人服从的是作为"师"的自我之"我"。
>
> 从这种考察来看，"心的纯化"意味着必须让人放弃对心进行"崇拜"的习惯，而且，人必须舍弃自我之"我"。这是迈向真人变化的第一步。（Izutsu, 1983年, 342页）

"心的纯化"正是将"我"予以舍弃。那么，具体来说，如何进行心的纯化？井筒在此诉诸"心斋"的方法。《庄子·人间世》中记载了孔子与高徒颜回的对话，其中谈到了"心斋"，即心的斋戒。这是让感觉器官停止运作，用"气"来进行感知：

> 回曰："敢问心斋。"仲尼曰："若一志。无听之以耳而听之以心。无听之以心而听之以气。听止于耳，心止于符。气也者，虚而待物者也。唯道集虚。虚者，心斋也。"（《庄子·人间世》）

换言之，通过实践"心斋"，就实现了"虚"。而实现了"虚"，心就得到最彻底的纯化。井筒试图用这种方法来说明老庄思想的"向上道"。

7 从"道"返回世界
——"向下道"

但是，对神秘而言更为重要的是，从一旦抵达的"道"那里回到原来的世界，也就是"向下道"。实存而非本质才是最高状态，但为本质赋予恰当位置也是有必要的。井筒说道：

> 确实,庄子那里也有对于心的"向下"运动的关切。也就是说,从绽出＝实存(ekstasis)状态那里回到日常意识层面,从绝对的"一"那里回到"本质性的""多"。(Izutsu,1983年,375页)

一方面必须超越本质而抵达位于本质之前的实存,另一方面,这不是抛弃本质,而是在下一阶段重新为本质赋予恰当位置——这种"向下道"非常重要。井筒沿着庄子的思考,将这一点引申如下:

> 在"混沌化"阶段,万物都能在根源性的"无分别"那里见到,也就是超越各个"本质",从"本质"那里离开。我们认为,这是庄子形而上学的关键点。也可以把这种形而上学称作"存在主义"。按照这种理解,"存在"这个词就跟阿拉比的形而上学体系中的"wujūd"(实存、存在)同义了。
>
> 我从一开始就多少强调过庄子的"存在主义式"态度。现在,我们很清楚地看到,为了理解其真正的意义,必须把它和第二阶段联系在一起。这就是以混沌之视野为基础的哲学立场。在这一点上,这与"本质主义"的立场相反。后者的基础是认识论-本体论阶段上独特而明确的、实在的视野,"万物"都在那里显现出来,各自具有自己明确的"边界"。"坐忘"的过程是从完全的绽出状态向"如常"的常识世界回归的过程,而从这方面来看,"本质主义"立场属于上述第三阶段。(同上书,358页)

这里所谓的"坐忘"(《庄子·大宗师》),指的是一种合乎"道"的状态,它不仅要抛弃仁义礼乐,而且要抛弃自身所具有的,包括身体在内的一切。但是,井筒也将这种状态视为回归的过程,认为它重新将一度抛弃了的本质予以定位。

同样,这一点在对老子的解读那里也有所展开。在这里,井筒所参照的是《老子》第一章。

> 道可道,非常道。名可名,非常名。无名天地之始,有名万物之母。故常无欲,以观其妙,常有欲,以观其徼。此两者同出而异名,同谓之玄。玄之又玄,众妙之门。(《老子》第一章)

> 由"道"(这个词)所显示的那种道,不是永恒之"道"。
> 由"名"(这个词)所显示的那种名,不是永恒之"名"。
>
> "无名者",天地之始。
> "有名者",万物之母。
>
> 所以在永恒的"无"的状态中,人们看到"道"的神秘真实。
> 在永恒的"有"的状态中,人们看到"道"的归结。
> 这两种存在方式在起源处是等同的"一"。可一旦外在化,就带上了(两个)不同的名字。
> (在原初状态下)等同的时候,就被称作"神秘"。
> 这确乎是各种"神秘"中的"神秘"。而它正是无数惊异之事从中出来的门。(井筒,2017年,19—20页)

这里的"妙"也好"玄"也好,意思就是如今所谓的"神秘"。井筒认为,老子之"道"就在这种神秘次元上,他将"妙"译为"mysterious Reality"和"wonder",将"玄"译为"mystery":

> 在"无"(或"无名")那里,必须观察到神秘性的实在("妙")。这种"无"对应于阿拉比概念中的"绝对"(haqq)以创造性的方式开始运作之前的阶段。"有(名)"则让"道"在无限的"规定"("徼")中自我显现,在阿拉比的思想中,"绝对"展开其创造性活动的状态与之对应。换言之,慈悲的呼吸受到无限事物的"规定"。

很显然,老子在这一章超越了"有"和"无"的对立。"无"确实是究极的形而上学原理,也是最根源性的"有"的起源。"无"**就是**"道",但这就好像"有"也是"道"那样。既然"无"在这里在概念上与"有"对立,它就不是最终性的东西。基本对立本身必须被超越。老子在超越"有"和"无"之对立的地方,看到了绝对不可言说的东西。他象征性地称之为"玄"。这个词本来的意思是与红色相混的"黑色",用在绝对"不可见"的东西上很合适。它是深不可测的神秘(黑色),但在某个阶段会自我阐明,在其可能性状态下,成为包含万物(红色)的"有"。在这种神秘中的神秘那里,老子看到了"有"和"无"无法相互区分之状态下的"绝对"。这是究极的形而上学状态,也是"二者同为一"的状态。(Izutsu,1983年,393页)

"道"这一创造性的、能动性的神秘,既是"无"(非存在)也是"有"(存在)。如这里所示,井筒也考察了"向下道":"道"的神秘自我展开,并由此产生万物。

在别的地方,谈到《老子》第四十二章和第五十二章的时候,井筒也进行了同样的解释。

第四十二章和第五十二章如下:

> 道生一,一生二,二生三,三生万物。万物负阴而抱阳,冲气以为和。人之所恶,惟孤寡不榖,而王公以为称。故物或损之而益,或益之而损。人之所教,我亦教之。强梁者不得其死,吾将以为教父。(《老子》第四十二章)

"道"让"一"发生。
"一"让"二"发生。
"二"让"三"发生。
然后,"三"让万物发生。

万物用后背背负"阴",用手腕怀抱"阳"。这两者根据从中产生的(第三种)力量而保持调和性的统一。

普通人最讨厌"孤儿(孤)""无德(寡)"和"不幸(不榖)"。但王侯们用[孤、寡、不榖等]这些词来自称。
这件事情表明,事物有时因亏而盈,又因盈而亏。

他人所教之事,我也要教导别人:"不顾对方的莽撞之人,不得好死。"

我认为这正是一切教训之父。(井筒,2017年,134页)

天下有始,以为天下母。既得其母,以知其子,复守其母。没身不殆。塞其兑,闭其门,终身不勤。开其兑,济其事,终身不救。见小曰明。守柔曰强。用其光,复归其明,无遗身殃,是谓习常。(《老子》第五十二章)

天下万物都具有被视作万物之"母"的"开始"。

知道"母"就知道"子"。

知道"子"后,回归"母"处,牢牢抓住的话,人生到最后都不会陷入危机。

关闭打开的地方,关上自我之门,那么就不会疲惫。

但反过来,不关闭打开的地方,不断增加[打开的地方]的运动,一生都得不到拯救。

能看到最小的东西,我将此称为"明"。

能保存柔弱的东西,我将此称为"强"。

运用外面的光亮回归内在的明亮,就不会为自己招致不幸。

我把这种状态称为"踏入'永恒'"。(井筒,2017年,156—157页)

举出这两个段落后,井筒解释道:

这些语词以象征性的方式描述了位于"名"和"存在"阶段上的"道",以及现象世界之间亲密的(intimate)本体论关系。现象性事物应被视为名之"子"。换言之,它们不应被视为仅仅是名的客观产物,它们是名自身的身体和血。两者之间有着血缘关系。

> 并且,由于名或"天地"不过是"道"本身自我展开的一个阶段,我们也必须认为,同样的关系也存在于"道"和现象性事物之间。最终,现象性事物自身也是"道"自我展开的某个阶段。(Izutsu,1983年,401页)

"向下道"也正是"道"的自我展开。人们往往称之为"自然"或"无为",但这种展开无需另外加上其他力量,而是自然的、无为的自我展开。在这个意义上,我们多样的世界都从根源性的"一"那里自我展开,所以现象性事物同样"与道相关"。

值得注意的是,井筒关于这一点说道:

> 如上所见,万物都(在一个阶段上)与道相关。根据与道的关联而"获得"自身的实存之核心。如王弼所言,道是万物的究极性源泉,万物皆(从道那里)获得"德"。无论是什么事物,或无论事物如何变化,都根据自身"德"的"自然"活动而来。(同上书,404页)

另外,在井筒那里,有关道之神秘的意象非常具有女性色彩:

> 此外,这两章值得注意的地方是,道的无穷无尽的创造性由"门"来象征。很显然,"玄牝之门"和"众妙之门"是一样的。位于活动的"相"那里的"绝对",其象征性的意象是"门"或可以打开的东西,万物都从这里而向存在者的世界发出。"女性般的"动物[玄牝]意象,使得这一象征更适合于这个观念。因为这里自然而然就暗示了繁殖性和母性。
>
> 如前所述,老子世界观中的"女性"意象是暗示性的,而且具有弱小、谦让、柔和、安静等特征。但是,凭借老子特有的悖论性思考,"女性"被描述为弱小、柔和、位卑等等,反而意味着她无限强大、充满力量、处于优势地位。(同上书,411页)

老庄思想的神秘那里,有着女性的生产性丰饶和母性,现象世界也由此产生。

8 论神秘
——井筒与大拙

井筒从两方面谈论的道之神秘,确切继承了铃木大拙的"妙"的概念。① 大拙对"妙"如此说道:

> 最近"妙"这个字变得有意思了。老子说"玄之又玄,众妙之门",我想把这个"妙"翻译成欧洲语言,特别是英语,从以前开始就尝试过,但总是译不好。也许这是我语言学习不够所致。不管怎么说,汉字"妙"最让我感到喜欢。英语可以说 wonderful, mysterious, magical, beyond thinking, 等等,但怎么也无法积极地和"妙"对应起来。最近翻看《圣经》,不经意间看到这样一句话:
>
> "And God saw everything that he hand made, and behold, it was very good."(《创世记》第一章)
>
> 这句平凡的 very good 就是"妙"。这个"good"不是善恶的善,也不是好坏的好,它是远离一切对峙的绝对无比,是在自我那里的存在样态本身。这就是"妙"。云门所谓"日日是好日"的"好",也是埃克哈特所谓"Every morning is good morning"的 good。也可以说是"平常心是道"。这个最平常的地方,也是最"妙"之物的所在。(铃木,1997 年,105—106 页)

正如"平常心是道"所代表的那样,在大拙看来,"妙"这种神秘不是与日常无关的东西,而是位于日常之中。井筒关于"妙"也表达过同样的意思:

> 汉语的"妙"的意思是"纤细[subtle]""不平凡[extraordinary]""奇迹般的好[miraculously good]",但它想要表达的是:在

---

① 关于下文,详细讨论参见拙论《日本的宗教性思考中的神秘——以铃木大拙和井筒俊彦为中心》。

特别高的次元上看到或体验现实,而表面上,在普通人受到经验性体验的有限侧面之约束的眼光看来,这跟我们原来的世界一样,无甚特别;这个世界并不是我们的相对知性的区别性活动所把握的"存在"世界,因为它是一度在"无"的深渊中消灭,并从中重新以现象形态出现的平凡而通常的世界。(井筒,2014年b,45—46页)

井筒在继承大拙的同时,也显示了"妙"所开启的神秘的二重结构。与大拙的理解一样,井筒也认为,神秘不是潜藏于超越现实之处的东西,而是活动在现实的根基处,并在现实中呈现的东西。

9 必然性的变化与绝对自由

当然,这种道之神秘不是老庄思想所独有的,它应该是向普遍性敞开的东西。井筒把他在老庄思想那里探讨的、作为"道"的神秘,进一步与西方的问题系联系起来予以考察。他首先考察的是决定论和自由。众所周知,这个问题在基督教那里有着非常重要的意义。如果上帝创造万物,而人类也包含其中,那么人类拥有自由意志吗,抑或一切都是最开始就决定好了的?然而,如果不承认人类那里有着某种形式的自由,就无法对作善作恶的决定作出说明。此外,如果一切都是决定好了的,那么就得追问,为什么上帝要在这个世界上作恶。迄今为止,人们对这些问题有过很多非常棘手的讨论。

井筒将上述西方的问题系放在老庄那里重新讨论。如果设想了道之神秘,并以万物皆生发于道为前提,我们的一切是否都是由道决定的,还是说存在某种自由?这个问题与前面提到的"人格"概念有关。重复一遍:井筒与诸多老庄研究相反,认为老子和庄子是一种不同寻常的人格。在这种人格那里究竟有自由吗?

对于这个问题,井筒认为老庄那里应该也存在逃离于决定论的自由。因为井筒最强力的主张恐怕就是,神秘主义和自由应该要同时成立。若非如此,则神秘主义不过就是教人服从的系统。

井筒在此引用了庄子的一段话;我们根据井筒的翻译来阅读一下:

> 是遁天倍情,忘其所受。古者谓之遁天之刑。适来,夫子时也。适去,夫子顺也。安时而处顺,哀乐不能入也。古者谓是帝之悬解。(《庄子·养生主》)

> 然而,这是"遁天"(受到天之规定的事物的自然运行),有悖人类本性之现实[情]。这类人完全忘记了自己(从哪里)得来东西(凭借天命而从天那里获得自己的生命和实存)。古时候,如此行事的人,因"遁天"(的罪行)而受到责罚,感到愧疚。你的老师的到来(出生于世)全属自然,因为这是老师的(决定之)时刻(应来之时刻)。如今老师的离开也全属自然,因为这是老师(应走)的顺序。
>
> 如果我们安于"时刻",接受"顺序",那么悲伤和喜悦都不会造访我们。这种态度在过去古人那里被称作"解开(天)帝之悬[联结]"。(Izutsu,1983年,422页)

重要的是最后。所谓"悬解",指的是解开了人因天帝而倒挂着与天扭结在一起的状态。井筒认为这非常重要,因为这恰恰显示了逃脱于决定论的究极自由,"解开了必然性和人的自由之冲突的问题"(同上)。井筒说道:

> 但庄子的思考没有止步于这个阶段。内在"自由"如果是对于给定之物的**被动**接受,或者说,心的宁静如果仅仅是对于眼前必然性的服从,那么在庄子看来,这都没有表现人类自由的最终阶段。为了抵达最后且最终的内在自由阶段,必须更进一步。并且,必须消除自身的实存与必然的区别或对立。但是,如何才能达到这一阶段?……只有当人让自己和必然性本身,即事物自然之运行相一致的时候,才能获得完全的自由。这个时候,就像事物自然之运行随处移动那样,人也使自己进行变化。(同

上书,423页)

井筒在被动性的极限处看到了逃脱于决定论的自由。不过,这需要人让自己发生很大的变化。这正是庄子用"物化"一词讲述的事态。事实上,"悬解"这个表述在《庄子·大宗师》那里也可见到,在那里,作为"物化"的例子,列举了人变成"鸡""弹""车"的情形。经过"物化",这一人格成为真人或至人:

> 在本体论上,事物的运行由绝对且"必然"的"道"的活动来决定,谁都无法从中逃脱。"没有什么能胜天"。但是,另一方面,在精神性中有某一点,在那里,本体论意义上的必然性发生变化并成为自由。当人在实际生活中体验到这一决定性的转机,这样的人就是道家哲学所理解的"圣人"或至人。(同上书,427页)

必然性发生变化,绝对自由显现出来。恐怕这是井筒所设想的老庄思想之神秘的极点。而在这一极点上,井筒再次运用了"巫术"一词,逍遥于绝对自由的境地:

> "逍遥"标志着至人在这个世界上实存的存在方式,象征性地表达了绝对的精神性独立。它指的是这个人的绝对自由。这个人不停留在一个地点上,不受任何特定事物的羁绊。"逍遥"有意思的地方在于,它唤起了作为道家至人的起源性形式的巫术。巫术在这种绽出性=实存性的状态中,踏上神话制作的旅途,自由游走于无边无际的世界,不会受到物理身体的束缚。(同上书,441页)

《庄子·逍遥游》中有"至人无己,神人无功,圣人无名"的说法,而井筒重新将这种究极的神秘阶段和巫术并置起来。至人、神人、圣人还有巫师,他们绝不是强力发挥自由的主体,而是经历了所谓"积极的被动性"或"强有力的软弱"状态(同上书,451页)之后,实现了与自我变化相结合的绝对自由的人格。

10 乌托邦抑或反乌托邦

尽管如此,井筒也没有忘记这种至人或圣人是政治人。因为他认为,在前面提到的"向上道"和"向下道"之中,踏上"向下道"而再度与世界秩序产生关联是必不可少的。于是,道家圣人当然也身为政治人而与"治世"有关了:

> 政治人(*Homo Politicus*)实际上始终是中国思想所有主要学派的核心议题。老子和庄子这里也不例外。非常有意思的是,在这一点上,像老子那样,发展洗练的道之形而上学,认为理想的人绝对地带有非世界性的内心,生活于超越日常生活喧嚣的地方,这样的人却对国家的统治术表示了极大的关切。在老子看来,至人得以"完全",只有靠成为国家元首、至高之人主才能做到。至人既是哲学家,也是政治家。(同上书,458页)

即便如此,道家圣人施行的统治,在方式上必须与儒家有别。因为它的统治方式,是刚才说到的那种经历了被动性的能动性。那么,结果是产生了什么样的世界?井筒提到了"小国寡民"的社会。这里我们也试着根据井筒在《伊斯兰神秘主义与道教》中的译文来阅读一下:

> 小国寡民。使民有什伯之器而不用,使民重死而不远徙。虽有舟舆,无所乘之。虽有甲兵,无所陈之。使民复结绳而用之。甘其食,美其服,安其居,乐其俗。邻国相望,鸡犬之声相闻,民至老死不相往来。(《老子》第八十章)

> 小的国家和少量民众。(在这个国家)虽有各种文明利器,人们却不打算用它们。人们(因为幸福满足而)把死亡当作大事(他们的生活实在是快乐,所以不想承认死亡)。人们不会想要搬到很远的地方去。虽然有车船,也没什么需要乘坐的场合。

虽然有武器,也没有操弄的机会。

　　人们向后(太古往昔之单纯)回归,(取代复杂的书记体系而)用上结绳。

　　人们觉得自己地方的食物很美味,自己的衣服很美丽,对自己的住处满足而幸福。

　　邻国就在那里。这个国家的人可以听到邻国的鸟和狗的叫声,但两国人到老死也不会往来。(Izutsu,1983年,464—465页)

　　但是,如井筒所想的那样,这个社会是理想社会吗?由于这个社会剥夺了人们的"交通",如果反过来变成反乌托邦,事情会怎么样?"小国寡民"是乌托邦还是反乌托邦,这个问题在现代中国经常被拿来讨论。尤其是,中国哲学家胡适(1891—1962年)一开始批判说"小国寡民"是一种退化,而后来则改变了自己的解释,认为它是"乌托邦";同样,中国哲学家冯友兰(1895—1990年)认为,"小国寡民"是"包含野蛮的文明"。①

　　如果它是反乌托邦,那么迄今为止见到的、井筒所设想的老庄思想之神秘,是否也会褪色?

　　与古希腊神秘思想或伊斯兰教的阿拉比的神秘思想几乎一样,在井筒设想的老庄思想那里,也有某种根源性的道、某种"一者"的绝对之道,朝向这种"道"前行的同时,也从这种"道"那里回归。但是,由此得以实现的乌托邦,与儒家试图实现的社会完全是两码事。

　　儒家注重修饰。"文"含有修饰的意思,而相对于注重"文"的儒家,井筒在老子那里见到的理想是一个没有"文"的社会。井筒真的认为这样的社会是乌托邦吗?

　　从如今的老庄研究来看,井筒的解释不乏生硬之处。例如,关于"物化",很难依旧将它解释为"浑然一体"。因为《庄子》原文里清

---

① 关于现代中国围绕"小国寡民"所展开的讨论的特征,参见拙论《作为哲学的中国哲学史》。

楚写着庄周和蝴蝶有区别,这一点不能忽视,而且,说到底,把老子和庄子放在一起谈也是不行的。不如说,更恰当的说法是,老子和庄子是两种完全不同的思想。

就此而言,井筒或许没必要把老子的"小国寡民"放在最后的位置上,不是吗?例如,也可以在不同的意义上考察庄子视为理想的社会,后者与"小国寡民"截然相反,充满了各种各样的交流和交通,是一个非常多样的社会。比如,让我们看看下面这段话:

> 东郭子问于庄子曰:"所谓道,恶乎在。"庄子曰:"无所不在。"东郭子曰:"期而后可。"庄子曰:"在蝼蚁。"曰:"何其下邪?"曰:"在稊稗。"曰:"何其愈下邪?"曰:"在瓦甓。"曰:"何其愈甚邪?"曰:"在屎溺。"东郭子不应。(《庄子·知北游》)

道无所不在,甚至在屎尿那里——通过这种想象力,庄子或许构想了一个所有事物混杂交融的社会。① 但井筒由于将老庄视作同一个东西,似乎就失却了以上述方式阅读庄子的可能性。

尽管如此,井筒的老庄思想解释以"神秘"为轴线而获得与古希腊和伊斯兰相通的普遍性,展现了"永恒的哲学(*philosophia perennis*)",这种意义丝毫没有减少。恐怕问题在于我们自身,即如何在继承井筒的前提下,在当今重新构想一个乌托邦式的社会。

---

① 不过,反过来说,庄子这种"道无所不在"的想象力也连通于对"道"的否定性理解,即没有什么能够逃离于"道"(中岛,2009年,139—147页)。

代结论

以上通过全部七个章节,考察了作为思想的语言的种种形象。在这趟考察的最后,我想再次回到空海那里。只不过,这次是通过井筒俊彦的解读而回到空海。

1984年10月26日,井筒在日本密教学会第十七回学术大会上,进行了题为"作为语言哲学的真言"的特别演讲。后来形成了论文《意义分节理论与空海——真言密教的语言哲学可能性探索》(《思想》第728号,岩波书店,1985年2月)。井筒在其中认为,空海的真言密教的核心在于"将思想藏于语词的'深秘'之中"(井筒,2014年,387页),并就这一秘密论述道:

> 相对于一般所谓"悟"之境地不在语词的主张,[空海]主张的是使得"悟"之境地的语言化得以可能的、异次元的语词的运作。也可以说,世界超越了语词,自己言说着语词。或者说,事实上,这个超越于语词的世界,本身就是语词。(同上书,392页)

空海持续思考着"存在即语词"或"一切**事物**皆是语词"(同上书,388页)等有悖常识的命题,最终发现了"异次元的语词的运作"。这就是真言密教的"深秘"。①

不过,井筒必然思考着之前说到的"向上道"和"向下道",对他来说不可忘记的是,这个"异次元的语词的运作"必须在这个世界、在这个存在者(事物)的世界上产生回响。因此,井筒继续说道:

---

① 关于井筒所谓"存在即语词",若松英辅认为"对他而言,语词是活的意义的显现"(若松,2015年,4页)。这种"活的意义"就是"深秘"。

> 需要注意的是,虽说是将"悟"之境地语言化,也不是说由人们人为地进行语言化。毋宁说,这里设想的是作为"悟"之世界本身的自我语言化过程的语词。而这一过程也同时是存在世界显现的过程。(同上书,392页)

不过,将"异次元的语词的运作"理解为"向上道"似乎也不是一件容易的事,而可以预想到,"自我语言化过程"作为"向下道"的结构,理解起来也很困难。对此,井筒试图用"意义分节理论"来回应:

> 所谓"分节"(articulation),字面意思上说的是,例如竹子的节将一根竹子分成几部分,对竹子进行划分。根据原本带有朴素实在论性质的常识性思考,首先存在**事物**,种种事物现象从一开始就得以划分并存在着,语词则从后头追赶着事物。但分节理论与此相反,认为一开始什么划分都不存在,存在的只是作为混沌的、哪里都不存在真正边界的原体验的混乱。这种感觉的原初素材平板单调、哪里都没有节点,而人类意识凭借语词意义的网状结构将它深深染成不同色彩,非常自然地进行划分,赋予节点。这一个个的部分由"名"固定下来,成为存在的有意义的凝结点,仿佛一开始就是独立存在的**事物**一般,带上客观性,显现于人类意识的对面。不仅是**事物**[本身],而且包括各种**事物**的复杂多层的相互关联方式,一切都由潜藏于背后的意义和意义关联结构而从根本上得到规定。这就是决定存在之地平的东西,也是存在本身。大致而言,这就是我的看法。(同上书,395—396页)

从如今的讨论来看,井筒所谓"意义分节理论"似乎有一些问题。① 不过,在这里我想注意的是"仿佛一开始就是独立存在的**事物**一般"这个表述。作为根源性的秘密,"异次元的语词的运作"通过进行"意义分节"而"自我语言化",使这个世界仿佛独立存在的实在世界一般呈现出来。但问题在于,为什么这个"仿佛"能够成立?

---

① 参见野矢茂树在《心的难题》中对于朴素实在论的辩护。

井筒也将这种"意义分节理论"运用于《大日经疏》(卷七)的"阿"字:

> 因此,在真言密教或空海所构想的语言和本体论意义上的世界展开过程中,一切都始于不伴有任何所指的、无边无际的宇宙式"阿"音这一绝对能指。随着这个绝对能指的出现,语词也开始了,而正是在语词开始的地方,有着意识和存在的原点。构成这一世界显现的末端领域的人类日常语言意识,在人类规模上重复着相同的过程。也就是,当人发出"阿"这个音的瞬间,特定的意义还完全没有产生,但当人用自己的耳朵听到自己口中发出的这个"阿"音时,意识就诞生于此;同时,存在也开始朝着无限可能的展开而开放。(同上书,418—419页)

这一论述中恐怕也回响着假名序的"物哀"或宣长的"阿波礼"(哀)。井筒在"阿"这个没有所指的能指(音)这里,在这个起源性的语词这里,试图同时揭示两方面的事情,即"异次元的语词的运作"及其在人类那里的展开。因此,井筒对空海的讨论的结论是:

> 真言密教的世界意象——它把一切存在的世界变成语词的世界、声与响的世界、文字的世界——就由此成立。与伊斯兰教的文字神秘主义或犹太教的卡巴拉一样,在真言密教那里,存在的世界在根源性的意义上也是书写的空间,而这一书写空间也曾是响彻万物之声的空间。(同上书,420页)

这个世界是文字构成的世界,这一点没有异议。不过,仅凭"文"(语词、书写)的自我展开,世界就能顺畅地成立吗?不是这样的。必须考虑到,这里有着"文"的读解行为、诗与歌的创造行为,以及翻译的行为,而这些使得"仿佛"的空间变得可能。

除了已经谈到的《即身成佛义》和《声字实相义》之外,空海在人们所谓"三部曲"的另一部著作《吽字义》中,提出了与井筒的"意义分节理论"有些不同的看法。在论述说"阿"字是一切语言之本、"阿"字正是真言后,空海颇有意味地描绘了人的样态:

> 如彼无智画师自运众彩,作可畏夜叉之形,成已还自观之,心生怖畏顿躄于地,众生亦复如是。自运诸法本源画作三界,而还自没其中,自心炽然备受诸苦。如来有智画师,既了知已,即能自在成立大悲曼荼罗。由是而言,所谓甚深秘藏者,众生自秘之耳。非佛有隐也。是则阿字之实义也。(空海,2004年,230页)

这里所用的画师比喻,让人想起本书前言提到的张彦远《历代名画记》的开头。仓颉确定文字之形后,"造化不能藏其秘,故天雨粟;灵怪不能遁其形,故鬼夜哭"。但是,空海让画师描绘了另一种灵怪,即夜叉,画师自己看到这画而感到恐惧。而且,与造化不再能够藏匿秘密相反,这里说的是,佛一无所藏,秘密是众生以为秘密之事。

恐怕在更甚于井筒所试图拯救的意义上,我们身为这个世界的众生被作为语言的秘密玩弄着;我们已经离开拯救很远了。这看上去几乎是不可避免的事情。但是,在其界限处,空海将描绘"大悲曼荼罗"的余地留给了难以拯救的人们。

我们(但"我们"究竟是谁呢)只能在无所隐藏的、可谓明亮的秘密中,继续对语言进行思考。语言使鬼得以可能,同时也对鬼进行压抑;但这其实就是我们自己的模样。

恐怕天不会降粟。取而代之的是,"天籁"或"地籁"作为"命之杂音"或"背景噪音"(林吉斯,2006年,124页),使得我们自己身为"人籁"而得以可能。

武满彻说过:"作为音乐家,我如果不作出四倍于目前的努力,就无法像鸟儿一样歌唱。而且,就算如此,究竟能否唱出如此优美而充实的歌也未可知……"(武满,2008年,240页)。或许,"像鸟儿一样"歌唱的一天会到来的吧。[1] 因为秘密已然得到阐明。

---

[1] 关于这里提到的林吉斯、武满以及《庄子》,参见中岛,2009年,111—132页。另外,"天籁""地籁""人籁"的说法来自《庄子·齐物论》。

参考文献

前言

Kasulis, Thomas P.2002. *Intimacy or Integrity: Philosophy and Cultural Difference*. Honolulu: University of Hawaii Press.

—— 1982. Reference and Symbol in Plato's *Cratylus* and Kūkai's *Shōjijissōgi*. In *Philosophy East and West*. Vol.32: 4. Honolulu: The University of Hawaii Press.

酒井直樹『日本思想という問題』,岩波書店,1997年。

トマス・カスリス『インティマシーあるいはインテグリティ——哲学と文化的差異』,衣笠正晃訳、高田康成解説,法政大学出版局,2016年。

第一章

王弼《王弼集校释》(上、下),楼宇烈校释,中华书局,1980年。

阮元校勘《重刊宋本十三经注疏附校勘记》一,艺文印书馆,1983年。

空海『弘法大師空海全集』第二卷"思想篇第二",弘法大師空海全集編輯委員会編,筑摩書房,1983年。

——『弘法大師空海全集』第五卷"诗文篇",弘法大師空海全集編輯委員會編,筑摩書房,1986年。

李道平撰《周易集解纂疏》,潘雨廷点校,中华书局,1994年。

空海『定本弘法大師全集』第三卷,密教文化研究所弘法大師著作研究会編,高野山大学密教文化研究所,1994年。

——『定本弘法大師全集』第六卷,密教文化研究所弘法大師著作研究会編,高野山大学密教文化研究所,1997年。

神塚淑子『六朝道教思想の研究』,創文社,1999年。

空海『空海コレクション　2』,宮坂宥勝監修,ちくま学芸文庫,2004年。

中島隆博『残響の中国哲学——言語と政治』,東京大学出版会,2007年。

藤井淳『空海の思想的展開の研究』,トランスビュー,2008年。

末木文美士『仏典をよむ——死からはじまる仏教史』,新潮文庫,2014年。

第二章

目加田誠『詩経』,日本評論社,1943年。

小西甚一『文鏡秘府論考　研究篇下』,講談社,1951年。

朱自清《诗言志辩》,古籍出版社,1956年。

（小泽）小沢正夫「古今集序の六義についての研究——中国の六義との比較を主として」,『日本学士院紀要』第十四巻第一号,1956年。

中島千秋『賦の成立と展開』,関洋紙店印刷所,1963年。

興膳宏『文心雕龍』,筑摩書房,1968年。

（雅克・德里达）ジャック・デリダ『根源の彼方に　グラマトロジーについて』上,足立和浩訳,現代思潮社,1972年。

复旦大学中文系古典文学教研组《中国文学批评史》上,上海古籍出版社,1979年。

班固《汉书》（全十二册）,中华书局,1982年。

刘勰《文心雕龙义证》（上、中、下）,詹锳义证,上海古籍出版社,1982年。

陈国庆编《汉书艺文志注释汇编》,中华书局,1983年。

「新編国歌大観」編集委員会編『新編国歌大観』第一巻,勅撰集編,角川書店,1983年。

陈奂撰《诗毛氏传疏》(上、中、下》,中国书店,1984年。
目加田誠『文心雕龍』(目加田誠著作集五),龍渓書舎,1986年。
伊藤虎丸、横山伊勢雄編『中国の文学論』,汲古書院,1987年。
興膳宏『中国の文学理論』,筑摩書房,1988年。
王运熙、杨明《魏晋南北朝文学批评史》,上海古籍出版社,1989年。
(小岛、新井)小島憲之、新井栄蔵校注『古今和歌集』,『新日本古典文学大系』第十卷,岩波書店,1989年。
(小泽)小沢正夫、松田成穂校注、訳『古今和歌集』,『新編　日本古典文学全集』第十一卷,小学館,1994年。
荆门市博物馆编《郭店楚墓竹简》,文物出版社,1998年。
陆机《文赋集释》,张少康集释,人民文学出版社,2002年。
郭齐勇主编《儒教伦理争鸣集——以"亲亲互隐"为中心》,湖北教育出版社,2004年。
神田龍身「紀貫之の仮名文——偽装の日本語音」,浅田徹、勝原晴希、鈴木健一、花部英雄、渡部泰明編『和歌をひらく　第二巻　和歌が書かれるとき』,岩波書店,2005年。
Puett, Michael. 2010. Theodicies of Discontinuity: Domesticating Energies and Dispositions in Early China. In *Journal of Chinese Philosophy*, Supplement to Volume 37. Dordrecht: D. Reidel.
Puett, Michael; Gross-Loh, Christine. 2016. *The Path: A New Way to Think About Everything*. New York: Viking.
(程艾蓝)アンヌ・チャン『中国思想史』,志野好伸、中島隆博、廣瀬玲子訳,知泉書館,2010年。
(高桥)高橋睦郎『詩心二千年　スサノヲから3・11へ』,岩波書店,2011年。
大野ロベルト「『古今和歌集』仮名序の真価を探る——「六義」と「歌のさま」の問題を中心に」,『アジア文化研究　国際基督教大学　学報3―A』第三十九号,2013年。
マイケル・ピュエット、クリスティーン・グロス=ロー『ハーバードの人生が変わる東洋哲学』,熊谷淳子訳,早川書房,2016年。

第三章

本居宣長『本居宣長全集』第一巻,筑摩書房,1968年。
(但丁)ダンテ・アリギエーリ『ダンテ俗語詩論』,岩倉具忠訳注,東海大学出版会,1984年。
小沢正夫、松田成穂校注・訳『古今和歌集』,『新編　日本古典文学全集』第十一巻,小学館,1994年。
夏目金之助『漱石全集』第十四巻,岩波書店,1995年。
——『漱石全集』第十五巻,岩波書店,1995年。
——『漱石全集』第十六巻,岩波書店,1995年。
高山岩男『世界史の哲学』,こぶし書房,2001年。
本居宣長『排蘆小船・石上私淑言——宣長「物のあはれ」歌論』,子安宣邦校注,岩波文庫,2003年。
菅野覚明『本居宣長——言葉と雅び』,ぺりかん社,2004年[改訂版]。
田中康二『本居宣長の思考法』,ぺりかん社,2005年。
加藤周一『日本文化における時間と空間』,岩波書店,2007年。
中島隆博『残響の中国哲学——言語と政治』,東京大学出版会,2007年。
本居宣長『古今集遠鏡』一、二,今西祐一郎校注,平凡社 東洋文庫,2008年。
トーマス・P・カスリス「中国の禅(Chan)から日本の禅(Zen)へ——伝達における異文化作用」,『中国——社会と文化』第二四号,斎藤希史訳,中国社会文化学会,2009年。
中島隆博「トーマス・カスリス——微細な差異と「葛藤」の実践」,『中国——社会と文化』第二四号,中国社会文化学会,2009年。
本居宣長『紫文要領』,子安宣邦校注,岩波文庫,2010年。
村松真理子『謎と暗号で読み解く　ダンテ『神曲』』,角川書店,

2013年。
中島隆博「文化本質主義を越えて」,中島隆博編『コスモロギア——天・化・時』,法政大学出版局,2015年。
——「東アジア近代哲学における条件付けられた普遍性と世界史」,羽田正編『グローバルヒストリーと東アジア史』,東京大学出版会,2016年。

第四章

丸山眞男『日本の思想』,岩波新書,1961年。
戸坂潤『戸坂潤全集』第二巻,勁草書房,1966年。
——『戸坂潤全集』第三巻,勁草書房,1966年。
——『戸坂潤全集』第四巻,勁草書房,1966年。
——『戸坂潤全集』第五巻,勁草書房,1967年。
伊藤虎丸『魯迅と終末論——近代リアリズムの成立』,龍渓書舎,1975年。
田辺元等『回想の戸坂潤』,勁草書房,1976年[初版,三一書房,1948年]。
竹内好『竹内好全集』第四巻,筑摩書房,1980年。
——『竹内好全集』第六巻,筑摩書房,1980年。
——『竹内好全集』第八巻,筑摩書房,1980年。
——『竹内好全集』第七巻,筑摩書房,1981年。
——『竹内好全集』第九巻,筑摩書房,1981年。
——『竹内好全集』第十二巻,筑摩書房,1981年。
山田洸『日本社会主義の倫理思想——理想主義と社会主義』,青木書店,1981年。
古在由重『戦時下の唯物論者たち』,青木書店,1982年。
Harootunian, Harry.1995.Beyond Containment: The Postwar Genealogy of Fascism and TOSAKA Jun's Prewar Critique of Liberalism.In *The Journal of Pacific Asia*.Vol.2.アジア太平洋研究会 Tokyo: Seorishobō.

丸山眞男『丸山眞男集』第三巻,岩波新書,1995年。

——『丸山眞男集』第五巻,岩波新書,1995年。

(本雅明)ヴァルター・ベンヤミン『ベンヤミン・コレクション1　近代の意味』,浅井健二郎編訳,久保哲司訳,ちくま学芸文庫,1995年。

——『ベンヤミン・コレクション2　エッセイの思想』,浅井健二郎編訳,三宅晶子、久保哲司、内村博信、西村龍一訳,ちくま学芸文庫,1996年。

——『ベンヤミン・コレクション3　記憶への旅』,浅井健二郎編訳,久保哲司訳,ちくま学芸文庫,1997年。

舩山信一『舩山信一著作集』第五巻,こぶし書房,1999年。

今井伸英『丸山眞男と戸坂潤——護憲の論理と丸山政治学の陥穽』,論創社,2000年。

今村仁司『ベンヤミン「歴史哲学テーゼ」精読』,岩波現代文庫,2000年。

太田哲男編『暗き時代の抵抗者たち——対談古在由重、丸山眞男』,同時代社,2010年。

戸坂潤『思想と風俗』,林淑美解説,平凡社　東洋文庫,2001年。

——『戸坂潤の哲学』,吉田傑俊編・解説,こぶし書房,2001年。

(哈曼)ヨーハン・ゲオルク・ハーマン『北方の博士・ハーマン著作選』上・下,川中子義勝訳,沖積社,2002年。

林淑美『昭和イデオロギー——思想としての文学』,平凡社,2005年。

戸坂潤『世界の一環としての日本』1・2,林淑美校訂,平凡社　東洋文庫,2006年。

平子友長「戦前日本マルクス主義哲学の到達点」,山室信一編『「帝国」日本の学知』第八巻『空間形成と世界認識』,岩波書店,2006年。

平林康之『戸坂潤』,東京大学出版会,2007年[初版,1960年]。

(哈鲁图尼思)ハリー・ハルトゥーニアン『近代による超克——戦間期日本の歴史・文化・共同体』上・下,梅森直之訳,岩波書店,2007年。

森田團『ベンヤミン——媒質の哲学』,水声社,2011年。

柿木伸之『ベンヤミンの言語哲学——翻訳としての言語、想起からの歴史』,平凡社,2014年。

竹峰義和『〈救済〉のメーディウム——ベンヤミン、アドルノ、クルーゲ』,東京大学出版会,2016年。

第五章

咸錫憲、金教臣『内村鑑三先生と朝鮮』,聖書朝鮮社,1940年。

藤秀璣『大乗相応の地』,興教書院,1943年。

丸山眞男『日本の思想』,岩波新書,1961年。

内村鑑三『内村鑑三全集』第七巻,岩波書店,1981年。

——『内村鑑三全集』第九巻,岩波書店,1981年。

——『内村鑑三全集』第十三巻,岩波書店,1981年。

——『内村鑑三全集』第二一巻,岩波書店,1982年。

——『内村鑑三全集』第二八巻,岩波書店,1983年。

佐藤平「妙好人浅原才市の父親西教について」,『印度学佛教学研究』第三十三巻第二号,日本印度学佛教学会,1985年。

咸錫憲『死ぬまでこの歩みで』,小杉尅次監訳,新教出版社,1974年。

丸山眞男『忠誠と反逆——転形期日本の精神史的位相』,筑摩書房,1992年。

朴鐘鴻「新しい歴史の創造——維新時代の基調哲学」(初出,『維新政友』創刊号,1973年9月),『朴鐘鴻全集』IV,ミンウムサ出版,1998年。

鈴木範久「「日本的霊性」——鑑三と大拙」,『松ヶ丘文庫研究年報』第十四号,財団法人松ヶ丘文庫,2000年。

咸錫憲『韓国のガンジー　咸錫憲の基本思想』,曺亨均訳注,伯栽文化社,2001年。

アグネシカ・コズィラ『日本と西洋における内村鑑三——その宗教思想の普遍性』,教文館,2001年。

(维多利亚)ブラィアン・アンドルー・ヴィクトリア『禅と戦争——禅仏教は戦争に協力したか』[原著,1997年],エィミー・ルィーズ・ツジモト訳,光人社,2001年。

朴賢淑「咸錫憲における「シアル思想」の萌芽——内村鑑三との関係を中心に」,『神学研究』第五一号,関西学院大学,2004年。

金文吉「内村鑑三の平和思想と朝鮮無教会の動向」,『アジア・キリスト教・多元性』第二巻,現代キリスト教思想研究会,2004年。

Jullien, François. 2008. *De l'universel, de l'uniforme, du commun et du dialogue entre les cultures*. Paris: Fayard.

鈴木大拙『日本的霊性』,角川ソフィア文庫,2010年[1944年]。

朴倍暎「韓国精神史における超越の一形態——朴鐘鴻哲学を中心に」,『思想史研究』第十一号,日本思想史・思想論研究会,2010年。

刘小枫《现代语境中的汉语基督神学》,李秋零、杨熙楠主编《现代性、传统变迁与汉语神学》上编,华东师范大学出版社,2010年。

孙尚扬、刘宗坤《20世纪西方哲学东渐史——基督教哲学在中国》,首都师范大学出版社,2011年。

小倉紀蔵『朱子学化する日本近代』,藤原書店,2012年。

Kim, Hang. 2014. Overcoming Modernity, or Heideggerian Nationalism?: Of a Philosopher's Political Commitment in Post-colonial Korea. In *Existence and Ethics: The Philosophical Moment in East Asian Discourse*. Ed. Ishii, Tsuyoshi. UTCP-Uehiro Booklet 4. Tokyo: UTCP.

Nakajima, Takahiro. 2016. Book Review on François Jullien, *On the Universal, the Uniform, the Common, and Dialogue between Cultures*.

In International Journal of Asian Studies.Vol.13.Issue 1.Cambridge：Cambridge University Press.

第六章

谷崎潤一郎『猫と庄造と二人のをんな』[1936年],『谷崎潤一郎全集』第十四巻,中央公論社,1967年。

——『東京をおもふ』[1933年],『谷崎潤一郎全集』第二十一巻,中央公論社,1968年。

宇野浩二『大阪』,『宇野浩二全集』第十二巻,中央公論社,1973年。

川端康成『反橋・しぐれ・たまゆら』,講談社文芸文庫,1992年。

たつみ都志『谷崎潤一郎・「関西」の衝撃』,和泉書院,1992年。

中上健次『枯木灘』,『中上健次全集』第三巻,集英社,1995年。

——「檄文(隈ノ會結成に寄せて)」,『中上健次全集』第十五巻,集英社,1996年。

——「＊南方熊楠は固有名ではない……」,『中上健次全集』第十五巻,集英社,1996年。

川端康成「文芸時評」[昭和十一年一月],川端康成『文芸時評』,講談社文芸文庫,2003年。

Taylor, Charles.2007.*A Secular Age*.Cambridge, MA：Belknap Press of Harvard University Press.

(贝拉) Bellah, Robert N. 2007. Confronting Modernity：Maruyama Masao, Jürgen Habermas, and Charles Taylor. In *Two Lectures*. Berkeley：Center for Japanese Studies, University of California。

新井健一郎「解釈と批判のはざま——チャールズ・テイラーの全体論とその隘路をめぐって」,『総合政策論叢』第二十号,島根県立大学総合政策学会,2011年。

(织田)織田作之助『木の都』,『夫婦善哉　正続　他十二篇』,岩波文庫,2013年。

佐藤秀明「解説」,『夫婦善哉　正続　他十二篇』,岩波文庫,

2013 年。

中島隆博《靈魂的存在與國家的道德——中江兆民、井上圓了、南方熊楠》,石井剛編《生命、存在和倫理:東亞話語的哲學契機》(*Life, Existence and Ethics: The Philosophical Moment in East Asian Discourse*),UTCP,2014 年。

ロバート・N・ベラー、島薗進、奥村隆編『宗教とグローバル市民社会——ロバート・ベラーとの対話』,岩波書店,2014 年。

奥村隆『社会はどこにあるか——根源性の社会学』,ミネルヴァ書房,2017 年。

第七章

郭庆藩《庄子集释》全四册,王孝鱼点校,中华书局 1961 年。

Izutsu, Toshihiko. 1996. A Comparative Study of the Key Philosophical Concepts in Sufism and Taoism. In *Studies in the Humanities and Social Relations*. Vol. 7. Tokyo: The Keio Institute of Cultural & Linguistic Studies.

——1967. A Comparative Study of the Key Philosophical Concepts in Sufism and Taoism, Part 2. In *Studies in the Humanities and Social Relations*. Vol. 10. Tokyo: The Keio Institute of Cultural & Linguistic Studies.

アンリ・コルバン『イスラーム哲学史』,黒田壽郎、柏木英彦訳,岩波書店,1974 年。

エチエンヌ・ジルソン『中世哲学の精神』上・下,服部英次郎訳,筑摩書房,1974 年、1975 年。

福永光司『老子』上・下,朝日新聞社,1978 年(a)。

——『荘子』内篇,朝日新聞社,1978 年(b)。

——『荘子』外篇・下,朝日新聞社,1978 年(c)。

袁柯校注《山海经校注》,上海古籍出版社,1980 年。

Izutsu, Toshihiko. 1983. *Sufism and Taoism: A Comparative Study of Key*

Philosophical Concepts.Tokyo：Iwanami Shoten.

馮友蘭『中国哲学史　成立篇』,柿村峻、吾妻重二訳,冨山房,1995 年。

(鈴木)鈴木大拙『新編　東洋的な見方』,上田閑照編,岩波文庫,1997 年。

高木智見『先秦の社会と思想——中国文化の核心』,創文社,2001 年。

楼宇烈校释《老子道德经注校释》,中华书局,2008 年。

(中島)中島隆博「哲学としての中国哲学史」,『大航海』六六,新書館,2008 年。

——『荘子　鶏となって時を告げよ』,岩波書店,2009 年。

井筒俊彦『読むと書く　井筒俊彦エッセイ集』,慶応義塾大学出版会,2009 年。

——『神秘哲学』,『井筒俊彦全集』第二巻,慶応義塾大学出版会,2013 年。

永井晋「アンリ・コルバンの現象学」,『国際哲学研究』別冊三,2013 年。

井筒俊彦『意識と本質』[1983 年],『井筒俊彦全集』第六巻,慶応義塾大学出版会,2014 年(a)。

——『禅仏教の哲学に向けて』,野平宗弘訳,ぷねうま社,2014 年(b)。

中島隆博「日本の宗教的思考における神秘——鈴木大拙と井筒俊彦をめぐって」,末木文美士編『比較思想から見た日本仏教』,山喜房佛書林,2015 年。

井筒俊彦『老子道徳経』,井筒俊彦英文著作翻訳コレクション,古勝隆一訳,慶応義塾大学出版会,2017 年。

代结论

空海『空海コレクション　2』,宮坂宥勝監修,ちくま学芸文庫,

2004年。

アルフォンソ・リンギス『何も共有していない者たちの共同体』，野谷啓二訳，洛北出版，2006年。

武満徹『武満徹　エッセイ選——言葉の海へ』，小沼純一編，ちくま学芸文庫，2008年。

(中島) 中島隆博『荘子　鶏となって時を告げよ』，岩波書店，2009年。

井筒俊彦「意味分節理論と空海——真言密教の言語哲学的可能性を探る」，『井筒俊彦全集』第八巻，慶応義塾大学出版会，2014年。

若松英輔『叡知の詩学——小林秀雄と井筒俊彦』，慶応義塾大学出版会，2015年。

野矢茂樹『心という難問』，講談社，2016年。

后　记

自从将《荀子·正名》作为自己研究者生活的出发点以来，我一直在思考"作为思想的语言"的问题。因此，这本书对我来说是一份稍显沉重的作业。究竟要把焦点放在哪里呢？真正确定焦点，是参加2016年5月于夏威夷大学举办的东西哲学家会议的时候，当时在咖啡厅里和托马斯·卡斯利斯进行了三小时左右的对话。卡斯利斯有着宛如大日如来一般的风貌，在和他讨论了空海、铃木大拙、井筒俊彦后，普遍性、翻译、救赎、秘密等轴心式概念就浮现了上来。焦点一经确定，自己反而意识到，将近十年来这个问题一直吸引着自己。受邀出席或组织各种会议，在每个场合苦思冥想的各种事情，仿佛形成了一个星座。处于旋涡中心的自己不怎么看得清楚，但通过亲友的眼光，问题就变得明了了。

本书各章的由来如下。

第一章是新写的。若没有2015年夏天举办的夏威夷大学和东京大学的暑期研讨班，我也不会写出来。这里要向夏威夷大学的安乐哲教授（Roger Ames）、石田正人教授、"东京大学UTCP"的主任梶谷真司教授，以及所有参加活动的教员和学生表示感谢。这个暑期研讨班得到上广伦理财团的资助，成功举办了五年。在此也要对此资助表示感谢。

第二章也是新写的。我在大学课堂上多次讨论过《古今和歌集》序言，但认认真真对其进行思索，契机是高桥睦郎先生惠赠了他的《诗心两千年　从素盏呜尊到三·一一》（『詩心二千年　サスノヲから3·11へ』）。2011年10月25日，高桥先生在UTCP进行了题为"三岛由纪夫与我与诗"的演讲。演讲记录得以刊载在高桥睦郎《过去如是　然愿其如彼　三岛由纪夫传》(『在りし、在らまほしかりし　三島由紀夫伝』,平凡社,2016年)中,感兴趣的读者请参考。由于这种智性的兴奋,我在2012年度研究生的课堂上讨论了上面两本书,并深切感到高桥先生作为诗人对诗之历史有着出色的理解。

第三章改写自2013年11月在科学研究费基盘(A)"全球化时代的当代思想——概念地图的重新构筑"(CPAG)研究会上所作的报告《为迈向新的普遍性——漱石与宣长的差异》(『新しい普遍に向かうために——漱石と宣長の差異』)。在当代中国,关于中国式普遍性的讨论沸沸扬扬,而我认为有必要将这些讨论和现代日本有关"新的普遍性"的讨论相比较,并将它们与现代中国有关普遍性的讨论加以对照。这一章就是为此所作的基础工作。此外,如果对如今有关中国式普遍的论述感兴趣,可参见拙论《中华的复兴——从中国式的普遍为中心的话语》(『中華の復興——中国的な普遍をめぐるディスコース』,收于大泽真幸等编《岩波讲座　当代　宗教与心灵的新时代》[『岩波講座　現代　宗教とこころの新時代』],岩波书店,2016年)。

第四章关于本雅明的部分,基于原本在2007年6月于上海华东师范大学举办的本雅明国际会议"大都市与文化理论"上进行的演讲《都市的语言与大都市的语言》(『都市の言語と大都市の言語』)。这次演讲经过修改之后,一部分收录在拙著《人文学　哲学》(『ヒューマニティーズ　哲学』,岩波书店,2009年)之中。这次又对这一部分进行修改,重新收录了核心部分。另外,关于竹内好和户坂润的部分,则是基于英文发表的原稿。最初于2007年11月在莱登大学举办的"马克思主义与日本意识形态:竹内好与户坂润"("Marxism and Japanese Ideology: Takeuchi and Tosaka")研讨会上进行报告,然后一部分收录在《日本哲学:资料集》(*Japanese Philosophy: A Sourcebook*, Eds. James. W. Heisig, Thomas P. Kasulis, and John. C.

Maraldo, Honolulu: University of Hawaii Press, 2011）之中。虽然经过十年的岁月，但我认为户坂润所提出的问题反而触及了今日状况的核心。

第五章基于2015年6月在比较思想学会进行的基调演讲《近代东亚对西洋哲学的接受与展开》『近代東アジアにおける西洋哲学の受容と展開』）。一部分以该题收录于《比较思想研究》第42号（比较思想学会，2016年3月），但因篇幅关系有所删减。这次重新写过，将焦点放在内村鉴三身上。

第六章基于CPAG与ICCT(International Center for Critical Theory)在东京大学共同举办的研讨班"'现场'的挑战与文学的实践"（"「現場」の挑戦と文学の営み"，2014年6月）上的报告，这次也做了大幅修改。

第七章的一部分曾在2015年2月于朝日文化中心、2016年9月于庆应义塾大学举办的"井筒俊彦全集完结纪念讲演会 迈向未来的井筒俊彦"上予以报告。现在，井筒俊彦英文著作的翻译正在进行，《伊斯兰神秘主义与道教》也以《伊斯兰神秘主义与老庄思想》为题出版了（仁子寿晴译）。不过，因为预定在2018年9月刊行，所以这次很遗憾没有能够利用这个译本，书中引文都是我自己译的。

如此回顾下来，我重新认识到，这本书里的很多内容来自各种会议上的报告和讨论。邀请我参加会议的人们、莅临我所组织的会议的人们，他们的样貌都清晰地浮现出来。我究竟有否很好地作出了回应，对此我心里没底；不过至少可以说，正因为从大家那里得到的话语，才有了如今的自己。

我得以仔细地和这些构成我自己的话语进行对话，要归功于2017年5月逗留巴黎的机会。当时我待在巴黎社会科学高等研究院（EHESS），那里是德里达曾经所属的机构。但对我来说更相近的是，那里曾经有中国现代哲学研究者杜瑞乐（Joël Thoraval）。我决心要在EHESS译出由巴黎第七大学的毕游塞教授(Sébastien Billioud)写的对于乔艾尔的追悼文。翻译有幸得以完成,后刊载在UTCP的网站上。

关于杜瑞乐,有一天我想自己写点东西,但现在还不是时候。2015年11月巴黎同时发生多起恐怖袭击,当时我立马给法国的友人写邮件确认平安,而杜瑞乐的回信是最后收到的。他说自己正在从日内瓦返回巴黎的途中,让我放心。当时怎么也想不到,不久后他就去世了。

待在巴黎的时候,我的住处靠近东站,距离巴黎同时发生的多起恐怖袭击中的三处,都是步行可到的距离。那时候毕游塞带着我去那里转悠,其中离恐怖袭击最近的地方是圣路易医院对面的柬埔寨餐馆。刻有牺牲者姓名的哀悼逝者的牌子,就挂在圣路易医院的墙上。遭到袭击的一带,曾经是巴黎公社时期蜂起的最后堡垒。在那之后,据毕游塞说,这一带成了"被遗忘的场所",许多移民在此逗留,许多宗教在此共存。恐怖袭击恰恰就发生在这种带有复杂色彩的场所。

但是,面对巴黎敞开的伤口,人们过着日常生活。恐怖袭击后,我的友人们说,一定要继续日常生活。这不是埋没于日常,而正是在日常中、在生活的过程中不断感知别的次元。

在东站附近,来来往往的人们各自背负着复杂的人生。当代的"漫游者"也是巴黎的流亡者。这个词引起耳朵的注意,刺入身体。突然,东站通路上开始了合唱。一台钢琴放在那里,谁都可以上去弹奏。合着琴声,那里的人们也加入进来,形成合唱。我感到一下子触及了巴黎的秘密。这是只有在致力于以孤独和友情为中心的社会才会显现的秘密。说不定我一直在等待这种偶遇的契机也未可知。而本书触及的所有思想家,谈论的也不外乎是这件事。

本书的编辑工作归功于马场公彦先生。在得知写作进展缓慢的情况下,他也没有对我心灰意冷,而是不断给予鼓励。也许通过语言而打开的秘密和神秘的次元,正是这种友情吧。既非常单纯,同时也非常难得。

中岛隆博

2017 年 5 月

于巴黎东站

解说　中岛隆博的治学

要想了解本书作者中岛隆博(Nakajima Takahiro)的别人所无的特点,有一个编辑曾经说过的这样一句话最为形象贴切:他一直误以为学界有两个中岛隆博,一个研究法国当代思想,另一个研究中国哲学。我已经不记得这则有趣的故事是听谁说的,反正我听到这个笑话应该已有将近二十年了——那时的中岛虽然已有多篇论文,但还没有发表专著,有人这样误解并不奇怪。

中岛隆博,东京大学东洋文化研究所教授,日本高知县人,出生于1964年。1983年考入以文科第一难考著称的东京大学教养学部文科一类。东京大学本科教育的一个特色是,一二年级学生都要在教养学部就读,接受充分的通识教育,到了三年级的时候,分到不同的院系受专业训练。据说他仰慕丸山真男(Maruyama Masao)的学术,选择了其曾经执教过的法学部这一为国家培养中央官员的日本最高学府。但是,丸山早已退休,其遗绪难以继承,法学部已经不是能让中岛满意的理想学舍,故他干脆90度调转方向,决意走中国哲学道路,于是1987年升至文学部上面的人文科学研究科,从此正式走上了中国哲学研究的路子。1990年,中国哲学研究室的博士生办起了学术刊物《中国哲学研究》,中岛从其创刊号起,直到1996年就职于立命馆大学之前,几乎每一期都会发表自己的论文。各篇论文的题目如下:

《荀子》中的"正确语言的暴力及其破绽"(创刊号,1990年)

鱼之乐以及关于再度叙说——浅析《庄子·秋水》(第2号,1990年)

怎样取消语言？——围绕"言尽意"和"言不尽意"的几个问题(第3号,1991年)

面向强死者及尸体——范缜《神灭论》的转向(第4号,1992年)

忘却隐喻,或者法之后面——从《文心雕龙·比兴》论起(第6号,1993年)

关于政治思想史的重构——波考克《仪式、语言及暴力》导读(第7号,1993年)

自-发的局限——为了解构朱子学(第9号,1995年)

这些主题都经过深化而反复出现在他后来的研究中,可以说也渗透到本书的思考中,即本书中有关《荀子》《周易·系辞》"言不尽意"以及《文心雕龙》的分析,可谓中岛长期思考的部分体现。实际上,中岛首次在日本知识界亮相是在1989年的《现代思想》杂志上。他在题为"战斗的德里达:语言的政治学"的专题号中,发表了一篇翻译文章,即伊迪丝·威西格拉德(Edith Wyschogrod)的《德里达、列维纳斯及暴力》。此后,他在《现代思想》杂志上分两期发表长篇论文讨论阿伦特和列维纳斯,题为《给他者返还正义:阿伦特和列维纳斯的伦理与政治》(1995年)。他让那位编辑产生误解的原因,这样就可见一斑了。2000年,他回到东京大学教养学部任副教授。教养学部又名综合文化研究科,位于离东京大学总部50分钟路程的驹场校区,东大内外知情人士都将它称作"驹场(Komaba)"。此后至今,虽然中间由于学校内部人事调动而移至东洋文化研究所,但他的研究和教学一直以驹场为主场来展开。2002年,东京大学共生哲学国际研究中心(The University of Tokyo Center for Philosophy, UTCP)在驹场成立,中岛也加入其行列,为开辟新的国际哲学研究网络发挥了至关重要的推动作用。

说起哲学学科,在日本,东大的前身东京帝国大学文学部1881年创设了哲学科。这是东亚最早成立的哲学学科,后来分为哲学、中国哲学和印度哲学等三个专业。哲学专业代表古希腊以来的欧洲哲学正统,而中国哲学和印度哲学渐渐与它拉开距离,形成了日本知识界中独特的哲学风景,即以欧陆哲学为圭臬,尤其以从古希腊语、拉丁语到德语的命脉为其主流,旁及英美经验主义、实用主义和分析哲学等,而东方哲学则作为需要反思西方哲学时偶尔参照的对象,也以完全不同于所谓"正统"哲学的独立体系自成内部圆满的话语,并获得了一定数量的读者。于是,在西方学术思想无论文史哲还是文科理科都笼罩着整个现代知识话语重心的大气候下,东西方哲学系统基本上我行我素,互不干涉内政。中国哲学可以说是与印度哲学并列占据着东大哲学研究教学一席之地,以各不相同的发展道路形成自己的治学传统。由于这样一种日本哲学学科建设的特殊生态,虽然中国哲学研究室名师辈出,但这不一定证明中国哲学在整个哲学界中享受着举足轻重的地位。事实上,中国哲学凭借着日本长期以来的,或曰明治未受到西方现代化影响之前早已有之的传统优势,在日本知识界和读书界中保持了广泛的影响,也自不待言其十分自足的市场需求。但在另一方面,我们也应该承认,日本的中国哲学始终超然于当下的知识潮流。学术知识的"脱亚入欧"趋势在二战后的民主体制下并没有改观,毋宁说在冷战背景下的 20 世纪后半叶,反而呈现出有增无减之势。

相比之下,驹场主管本科一二年级的通识教育,无专门之学可称,而由于语言教育的优势,其国际化程度在东大享有领先地位,且凭着其通识教育的跨学科性质,得以敏感应对随时而变的学术潮流。1980 年代,后现代思想在日本风靡一时,虽然东大学者并没有随波逐流,但驹场以法语老师为主的教师群体依仗其留法攻读学位的功底,在流行过后的 1990 年代一跃而出,开始引领日本后现代人文学术。UTCP 哲学中心是在此基础上成立的。该中心标榜哲学,但既然在驹场主持哲学,与本乡(即东大总部所在校区)的正统哲学自然有很大的区别。在法国师从利奥塔和德里达的小林康夫(Kobayashi Yasuo)带领下,后结构主义哲学、科学哲学、分析哲学、女性主义哲学等都列入其行列,中国哲学和日本哲学也包含在其中。以"共生"为目标的国际哲学研究交流是该中心的宗旨,体现了驹场教养学部的跨学科通识性以及国际性特色。这样,小林和中岛并驾齐驱,在将驹场建设成为新的哲学运动国际枢纽的雄心指引下,积极推动国际学术交流。哲学的国际化必须与自己的本土意识成对进行。UTCP 要克服日本现代大学学科建设偏重西方学术的特征,势必要重新认识到东亚的本土性。因此,该中心自觉站在日本走向现代化的路程中所经历的一切遗产上面,对此加以严肃的反思,试图以此为基础突破东西二元的思考惯性,并在结合普适性和本土性的前提下,重新叩问人性,去想象符合新时代要求的人性条件。在如此背景下,中岛隆博的中国古代哲学和欧洲当代哲学兼治的独一无二风格,为 UTCP 的发展发挥出其作用是最自然不过的。说起"自然",敏锐的读者一定会发现,"自然"一词为本书隐秘的关键词。2002 年出版的独具一格的哲学辞典《哲学之树》(原名为"哲学の木",由讲谈社出版)收有"自然"一项,由中岛撰写,其开头和结尾的一则轶事很耐人寻味:他有一天去理发,吩咐师傅"要理成自然的发型",而师傅折腾半天,最后说道:"我已经尽了力了,不能理得再自然了。"我们稍后再回到本书中,一起思考一下这个问题。

虽然 2012 年调到东洋文化研究所,但中岛依然坚持为驹场的教学和 UTCP 哲学中心的研究工作淋漓尽致地投入其力量。UTCP 运转的十几年之间,他和从事中国文史哲研究的许多海内外学者结下了不解之缘。UTCP 建立伊始,他主持了一个研讨会系列,专门回应当时引起争议的所谓"中国哲学合法性"问题。法国汉学家杜瑞乐、北大哲学系胡军、中国社科院哲学所郑家栋等学者聚在驹场展开富有刺激的讨论,发轫于德里达访华时宣称"中国无哲学"的这一场国际学术讨论,也在日本折射出了重要回应。其整体面貌可见于《中国:社会与文化》杂志第 19 号(2004 年)。后来,经杜瑞乐介绍,中岛加入从事中国文化传统回归的共同研究,对中国大陆以及东亚、东南亚各地区儒家复兴的共时性现象进行了包括实地调查在内的研究。本书后记所提到的毕游塞是该项目负责人。和 UTCP 跨学科人文学重建的目标相应，中岛的学者网络越走越广泛，他在 2005 年访问哈佛燕京学社期间，认识了纽约大学比较文学系的张旭东教授。中国读者可能知道，张旭东也兼任北京大学中文系教授。之后，在中岛和张旭东两个人的共同推动下，UTCP 和北大及纽约大学之间的学术往来也密切起来了，尤其是张旭东建立了国际批评理论研究中心（ICCT）这一国际多所研究机构合作运行的学者网络。华东师范大学中文系的学者们也参与其中，一起加强以文学批评理论为主的研究合作，实现了中日两国作家和学者的共同学术交流。与国际批评理论中心的合作也派生出了日本国家科研费项目研究"全球化时代的当代思想——概念地图的重新构筑（CPAG）"。这也是 UTCP 的分支项目，其成员都由 UTCP 哲学中心的学者组成。以 UTCP 哲学中心为平台，中岛的足迹遍及世界各地，仅就中国哲学领域的交流而论，中国自不必说，还有与新加坡、澳大利亚、美国、法国、德国等地学者的广泛来往，都留下了相互切磋的痕迹。另外值得一提的是，他以娴熟的法语功夫，把法国汉学富有挑战性的当代著作介绍到日语学术界中来，即于连（François Jullien）的《道德奠基》（2002 年，讲谈社；与志野好伸共同翻译）和《势》（2004 年，知泉书馆）。还有程艾蓝（Anne Cheng）的《中国思想史》（2010 年，知泉书馆；与志野好伸、广濑玲子合译）也是他的翻译作品。该书可谓法国汉学的最佳入门，也让我们重新认识不同于日本汉学建构起来的中国思想史的别样视角。

我们看中岛写的后记可知，本书《作为思想的语言》所收文章都有很明显的当下性。中岛有意把自己的写作还原到其所产生的具体情境，如 UTCP 与夏威夷大学合作举办的暑期研讨班为他深入思考空海的思想起到不可或缺的作用，CPAG 框架下的研究交流促使他写成有关夏目漱石和中上健次等文学作品的分析，第四章的本雅明论直接得益于华东师范大学举办的研讨会及其讨论，等等。那么，他的文章大多是为学术会议而撰的"命题作文"吗？回答是：一半是，一半不是。我在下面试图解释这是怎样一回事。

关于"是"的一半，我认为这是中岛隆博哲学的本色最为清晰可见的表现。他的哲学无法关在书斋中完成。这不是方法的问题，而是他对"哲学"这一概念的界定的问题。

> 思考特殊性和普遍性的时候，尽管某种本质在假设的意义上肯定会登场，但要做的不是将它固定化，而是将它置于变化的过程中——在今天，这将成为我们向普遍性自我开放的重要指引。（本书第三章）

中岛一向坚持哲学工作为寻求普遍性服务，而其出发点是哲学之所以为哲学的特点所在：创造出概念来。德勒兹和加塔利给哲学下过定义说，哲学是创造概念的学术活动。中岛支持他们的这一说法，而对他来说，创造概念需要有生活的支持。我们回忆一下他所讨论的户坂润有关"日常性原理"的阐发。他说，这是"差异性反复的原理"（本书第四章）。每一天的生活是一天过一天的反复重演过程，但每一天都有不同的事情不期然发生，遂形成每一天所独有的特殊差异。这种差异无非是出现在反复重演的日常性并激荡这种日常性的扰乱因素，也就是"变化"。面对变化，就是面对陌生的他者，而与他者的相遇，也就是普遍性显露其端倪的那一刹那。我们可以根据户坂润的说法，把相遇他者的刹那瞬间解释为"翻译"的时刻。中岛诠释本雅明的翻译概念说道："翻译通过赋予事物名称而倾听事物的无声之声——事物［始终］试图传达自我。"（本书第四章）关于本雅明的翻译理论，阿伦特曾经解释说："我们把一种语言翻译为另一种语言的时候无意识地假定'真正的语言'在那里。"[①]在这里，我们把此"真正的语言"理解为普遍的真理也并不为过吧。普遍性是借由翻译显现出来的，而这种意义上的翻译不单单是从一种语言切换到别的语言的那种翻译，而是给陌生的事物，或曰为他者命名的作用本身。我们过着每一天"差异性的反复"，实际上充满着与他者相

---

① 汉娜·阿伦特『暗い時代の人々』，阿部斉訳，筑摩書房，2005年，第316页。

遇、给他赋予名称的契机。从这一点来看,我们每一天的生活实践本身实际上是哲学的实践过程:在生活里激活相遇他者的机遇,由此产生的变化不仅是客观世界的变化,而且也是我们自己面对世界、对待世界的方式的变化,从而孕育出新的概念。哲学对人生如果能起到什么作用,那就是使人自觉对待"日常性的原理",从中获得新的名称、新的概念。就是因为抱着这样一种生活信念,中岛隆博在生活中实践哲学,或者说将生活本身当作哲学实践。雅斯贝尔斯提倡"做哲学"这一概念,虽然其所指之意不尽相同,但中岛的确也是"做哲学"的哲学家。

但是,无论是本雅明还是阿伦特,她们的普遍真理虽然是通过翻译才得知其存在的那种不可言说之对象,但都未免显得带有亚伯拉罕的印记。中岛对此十分警惕,因此,经由内村鉴三、铃木大拙以及咸锡宪,试图思考"地上的普遍性"来替代"天上的普遍性"。乍看之下,在这两种普遍性中,后一个是以西方一神教传统为依托的超越真理,而前者似是以本土性为基础的某种普遍性。但是,普遍性能否根基于本土性?为此,中岛参照了于连"可普遍化(l'universalisable)"和"进行普遍化(l'universalisant)"的划分,他支持的是后者。

"进行普遍化"的进路就展示了与普遍性的另一种关系。于连举出的例子是人权。历史上,"人"和"权利"这两个概念在欧洲被抽象化并结合在一起,由此产生"人权"的新概念。"人权"成为普遍性的概念,但原本"人权"这种可普遍化的东西就预先包含在欧洲思想之中,而并非其现实化的结果。毋宁说,如果欧洲思想本身不进行变形(transformation)的话,人权也无法普遍化。而且,在欧洲之外,"人权"经历了殖民地主义和帝国主义,同时经历了重新锻造,以某种方式实现了普遍化。于是,我们可以看到,普遍化过程绝不是一帆风顺的,而始终在曲折的道路上伴随着某种抵抗。(本书第五章)

概念的产生得益于在生活实践中的不断锻造。不仅如此,概念一旦产生之后,还要经历空间、时间两个维度上的挪用、误解、翻译、转移等错综曲折的过程。中岛所说的普遍性可以说是如此不断进行普遍化的过程以及努力的普遍性。在这里,我们可以看到他还是坚持在生活中做哲学的实践特色。

如上所述,中岛隆博的哲学是直接脱胎于他每一天的生活实践的。因此,他也有意识地告诉读者每一个文本所产生的外部背景。认识他的人都知道他是一位典型的"机场教授(airport professor)"。他寻找遇到能够催生新的哲学思考的种子,走遍世界各地,以文会友。本书也是他这样生活的又一个结晶。所以,我在上面说,他的哲学实践的一半是"命题作文"促成的,但这绝对不表示他的研究的被动性,而是他在生活的每一个小环节上处处寻找哲学问题的执着使得他的学术左右逢源,应势而为。背后没有某种一贯性则无法做到。实际上,他的哲学兴趣的一贯性同样也很让人惊讶。其发端于《荀子》语言哲学的中国哲学研究道路,沿着《庄子》、范缜、《文心雕龙》以至朱熹。此径路基本上跟着历史的演进而走,此后还有涉及过王夫之、戴震等明清学者,亦至于胡适、牟宗三等20世纪哲学家。他在中国哲学领域的治学道路实际上很成系统,表明他料理中国哲学史的认真态度和走学问之路的自觉性和远见之高。由此可见,他的作为生活实践的哲学态度并不是随波逐流、任其自然的逍遥主义。这是中岛又一个高明的地方,也是他在理论要求严格的东京大学能够出类拔萃的原因之一。这是回答为"不是"的根据。

我刚才插了一段题外话说:"自然"是本书隐秘的关键词。实际上,中岛隆博在本书所做的无非是与"自然"的斗争。此种斗争实属不易,以"秘密"始也以"秘密"终的本书结构,以及此"秘密"的复层性,足以让人知道其艰难程度。

> 语言泄露秘密。然而,问题真有如此单纯的阐明结构吗?位于语言面前的秘密是什么?它甚至不是语言以前的秘密。能否认为,语言制造了秘密,也阐明了秘密?(本书前言)

此"秘密",首先是"自然的秘密"。为了揭示它,我们需要语言,但正因为如此,我们又制造出"秘密"来。自然、语言和"秘密"的往返是一种拒绝自然,同时也要回归自然的欲望,而首先就是要从拒绝自然主义始。批判并拒绝自然主义,是自《荀子》进入中国哲学研究之路的中岛隆博一以贯之的政治哲学,也是他从丸山真男继承的思想立场。无论是仓颉见"鸟兽鸟兽蹄迒之迹,初造书契",还是和歌之发乃"物皆有之"的"自然之理"所使然,语言文字之初都是由自然而发的。这是很显然的道理,也是"文"之所以为"文"、"理"之所以为"理"之故。《荀子·礼论》:"伪者,文理隆盛也。"文理均由人的主观能动力作用于自然之后才产生,《荀子》强调的"伪"让我们知道,自然的秘密是由人为的加工(在这里指给出语言表象的功能)才被揭开的。也就是说,"技术＝力量的一击"(本书第一章)是自然揭密的第一个人为功能。但这个功能动辄被放入遗忘之列,遂使丸山真男产生出"历史意识的古层"这一著名命题。丸山通过阐释日本历史流向中始终不变的"执拗的持续低音",认为它决定了日本民族接受无常观念、顺势而为的自然主义态度,并对这种自然主义提出了批评。或者,我们可以更进一步说,丸山毕生抗拒这种自然主义,从其《日本政治思想史研究》开始就是如此。而其抗拒的方法,便是提出一个"作为"概念与"自然"对立起来,从而在思想史的内部寻找日本思想摆脱自然主义而建立"作为"的个人主体之可能性。他在荻生徂徕的思想中发现了来自《荀子》的"作为"思想,借此对抗朱子学的思考方式。从丸山看来,朱子学是"把社会关系奠基为'自然'"的思想,因而也是日本封建桎梏的罪魁祸首①。但是,到了《历史意识的古层》(1972年)的时候,他的战斗态势明显减弱,《古层》一文与其说是他的得意之作,更像是长期面对强劲的日本文化"执拗低音"而对之表示降服的宣言。我们也许可以说,中岛在《古今和歌集》中探寻日本有关"文"的起源

---

① 丸山真男《日本政治思想史研究》,东京大学出版会,1952年,第209页。

的形而上学讨论是接着丸山,再度进行丸山没能够贯彻到底的那种艰难的抗拒。当然,在世界人民饱受民族主义弊端的今天,我们也不能一股脑地接受丸山的思想。如中岛所言:"也许我们可以追求的是,构想一种无法原原本本地还原到国家那里去的'我们'。"(本书第五章)

"秘密"首先是"自然的秘密",但此"自然"加以"技术=力量的一击"转化为语言之后,语言反过来隐藏起别的"秘密"来。这是因为对"文"的起源的忘却,或者是"文"的技术力量反过来起到异化作用之故。但如果仅就这些而言,反复加以"作为"的一击也许还可以挽救异化带来的弊端。本书提到的《荀子》的"礼",或者普鸣的"仿佛之礼",都能看作其具体方法。我们可以说,中岛生活哲学的实践便是这种"仿佛"之"技术"(或者干脆把它说成"艺术"可能更加贴切)。但麻烦的是,正如他自己所承认的那样:

在自然的根源处已经存在着"文"。(本书第二章)

所以,即使本雅明试图通过翻译来救赎自然,自然的"秘密"也像捉弄他一般,让人知道:原来想救赎的对象从一开始已经被救赎了!这样,翻译(给出语言的一种作用)、救赎以及秘密的三个面向便构成无限的连环。这也是空海把他所开创的宗派称作密教的缘由。本书的最后部分,我们看到中岛隆博和井筒俊彦之间不免带有很强张力的对话。空海、井筒和中岛,这三个人有一个共同点是:他们都是把跨界的语言实践当作他们哲学实践的核心内容。因此,我们进一步可以说,他们都以自己的方式思考翻译、救赎以及秘密三者之间无休止的连环。但解决方案似有不同。尤其是井筒的做法。中岛论述井筒的时候偶尔显露起来的不协调感,我们需要好好玩味。举个例子,井筒要把老庄道学的"道"诠释为一种神秘主义的本体。对此,中岛显然不那么惬意。因为井筒的这条道路是要把中国哲学普遍化为可等同于古希腊和伊斯兰的"永恒的哲学"(第七章)。我们还记得中岛的普遍化策略是从地上"进行普遍化"的那种方法。

他也在这一点上,更为重视《庄子》"物化"思想包容一切众生万物的特点,也被空海"存在即语词"的"深密"思想(本书代结论)感染。后者也是井筒和中岛共同的感受,但这两位当代哲学家要走的方向有着微妙的不同。到底孰对孰错,请读者慢慢品味。

在井筒之后,接着井筒要横跨东西、跨语言跨文化进行哲学实践的中岛隆博,最近提倡"世界哲学",沿着"地上普遍性"的思路来试图建构新的哲学话语。筑摩书房陆续刊行的《世界哲学史》共8册,在2020年的日语读书界中备受瞩目。但世界哲学的尝试不会仅限于这种思路来进行。井筒的方向也未必不可取,何况,井筒则更偏向于伊斯兰哲学这一中岛尚未对决的伟大哲学体系。井筒晚年热爱《大乘起信论》,也许,中岛将来也有一天要去研究伊斯兰哲学也不无可能。我们期待着等待吧。

除本书之外,中岛隆博已有不少专著,也有几部英语著作。这里仅举日语专著如下:《恶的哲学:中国哲学的想象力》,筑摩书房,2012年;《哲学》,岩波书店,2009年;《共生的实践:国家与宗教》,东京大学出版会,2011年;《残响的中国哲学:语言与政治》,东京大学出版会,2007年;《庄子:为鸡以求时夜》,岩波书店,2009年。

本书应该是他的第一部汉语专著。所以,我的解说着重做到向汉语读者介绍其人其学,顺便也涉及日本学术界的概况。我估计这样更能使读者知道中岛隆博的特殊位置。至于我对本书的理解,我相信会有很多偏差甚至误解。中岛与很多学者不同,其语言平易近人,论述深入浅出;而这次他又找到了很出色的年轻译者——王钦。本书肯定会是一部栩栩如生、很快让读者进入其思想世界的作品。我衷心希望本书的出版能够让更多的汉语读者对中岛的哲学产生兴趣。

石井刚
2020年8月8日
写于东京板桥寓居

附录　向未来敞开的学问
——访谈中岛隆博教授

时间:2019 年 3 月 12 日
地点:东京大学东洋文化研究所

王钦:最近您和小林康复老师一起写的《解放日本》(『日本を解き放つ』,东京大学出版会,2019 年)出版了。如小林老师所说,这是一本标题"不可思议"的书啊。众所周知,您的专业方向是中国古代哲学,而小林老师的专业方向是现代法国哲学,那么是什么样的契机使得您二位决定一起写这么一本书呢?并且,如果将这本书放在您迄今为止的著作系列中,它和其他著作——例如这本《作为思想的语言》——之间有着什么样的联系?

中岛隆博:《解放日本》源于这样的想法:有很多用日语研究日本的学者,也有很多用中文研究中国的学者,但我们试图思考的是,从"外部"来看的话,这些学者的研究是什么样的?小林老师和我都不是纯粹的日本研究者,我们各自的领域是中国哲学和法国哲学。所以就想从外部来考察日本。但是,要从外部进行考察,颇为不易。例如,置身美国而考察中国文学,并且用英语写作相关文章。究竟这意味着什么呢?在这里,如果考虑到用中文研究中国文学的学者们之间会产生什么样的对话的话,马上就会出现极为不对称的关系。一方面,肯定有人会说:"用中文研究中国才是正宗。"对此,也肯定有用英语进行研究的人反驳说:"现在是全球化时代,研究要用英语进行才可以。"像这样强硬的主张互相对峙,往往无法产生有意思的东西。尤其是在日本研究领域,用日语进行日本研究的学者不太会承认用英语进行日本研究的学者。用英语进行日本研究的人,则认为用日语进行日本研究的人十分闭塞。这样就无法产生有效对话。我们想要改变这一状况。

这时候,小林老师和我想到的是,只有两项是不行的,必须要有三项,因此就想到了"三点测量"。也就是说,有了三个视点,才可能进行对话。虽然这次是以日本为主题,但我们想的是从日本、中国、法国这三个视点出发来测量日本。于是,刚才提到的用英语进行的日本研究和用日语进行日本研究之间的无效对峙的事态,就可以得到避免了。因为有着三个视点。我们想尝试的就是这样的可能性。我认为,这一点也适用于其他学问。例如,我了解过法国的中国研究,因而可以说,我一直带着法国、中国、日本这三个视点。这样的话,看问题就会非常丰富。所以,我也希望今后年轻的研究者能够具备三个视点的观察角度。在这个意义上,从方法上来说,不仅是"解放日本","解放"其他区域,也都是可能的吧。

说到《作为思想的语言》,我从年轻时起就一直关心语言问题。当然不是语言学研究意义上的语言研究。毋宁说,我一直思考的是,从哲学、文学、伦理、政治的角度考察语言,这究竟意味着什么。在这里,作为对象的语言并不限定在自然语言(日语、汉语、英语等等)或民族语言的范围内。我所思考的问题是,超越于这些自然或民族语言之上,将"语言"作为问题,这在如今的 21 世纪究竟如何可能。因此,尽管进行过一些地域研究(中国研究或日本研究),我始终想要超越这种研究。我希望做的不是汉语研究或日语研究,而是向着普遍性敞开的语言研究或语言的思想性研究。《解放日本》这本书虽然以日本为中心,但就像开头涉及的空海所象征的那样,他是一位同时运用汉语、古汉语、梵语、日语等三四种语言的"多语言"思想家。我认为,恰恰是这种多语言环境才能产生出丰富的哲学问题。就日本而言,虽然受到汉语的压倒性影响,但仍然很好地保留了日语这一地域语言。日语最初可以说是某种"二重语言"。这就很有意思了，从中可以产生独特的哲学。而中国实际上也是一样，要问什么是汉语的话，恐怕难以回答吧。根据地域不同，各地的语言也截然不同。汉语内部也有着多个不同的层面。我认为，对这一点有着敏感性是很重要的。而在这个意义上，你提到的两本书也就有着直接的关联。

王钦：您在东京大学的驹场校区和本乡校区同时开课，这些年来教授的课程涉及了各种主题：中国古代哲学、欧洲现代思想、日本现代文学、中国现代文学等等。在您看来，可以说构成研究出发点的中国古代哲学，如何与您对其他领域的关切相联系？与此相关，在您看来，研究哲学意味着什么？

中岛隆博：通常人们都会决定自己的专门领域，然后埋头苦干。这当然没什么问题，但在某种意义上，我的做法与此不同，自己觉得可以说是有着东京大学的独特性吧。尤其在驹场校区，从老师们那里获益良多，因此一直思考的是所谓"教养"（也就是通识教育）的问题。例如，就哲学来说，现在在美国，人们做的是分析哲学。我觉得这太无聊了。要不就是现象学。只能做这个。但是，哲学并不是分析哲学或现象学；哲学本来属于通识教育，所以有必要将它重新带回通识教育。例如，中国古代的哲学家并不做分析哲学。他们什么都做。所谓学问，我认为就是什么都做。但在这个时代，要什么都做太难了。大家都栖息在专门的领域内，无法什么都做了，但所谓学者，本来就是什么都要问、什么都要知道，不能放弃这一点。所以，我觉得哲学也好、文学也好、历史也好、中国也好、欧洲也好、日本也好、美国也好、韩国也好，什么都应该做。不是这样的话，就没有尽到作为学者的责任。成为专家当然没什么不好，但这也会是某种不负责任。的确，每个人的能力都有限，无法做到的事情有很多，但我想做的是尽量扩展哲学的可能性。

我尤其对中国哲学感兴趣，中学以来就一直如此。中学的时候读了中国哲学的书,当时看到许多解说,但都觉得很没意思,很无聊。当时我就觉得,这么做可能不对吧。如果自己能够阅读原文的话,肯定不会写出这么无聊的阐释。然后进了大学、听了课,能够用原文阅读的时候,我发现真的和当时想的一样。关于中国哲学,有着更为丰富的各种论述,其中有各种思想。所以,当时就觉得幸亏从前没有接受那些定见。我迄今为止对于中国哲学所做的是某种解构性的研究。我一直认为,能够被解构,意味着成为对象的文本达到了批判的可能性的水准,包含着丰富的问题。因此才能进行解构。无法批判的文本也就无法解构,而中国哲学的文本在批判的可能性这一点上值得我们尊敬。这一态度一直没有改变。从前我阅读的那些中国哲学解读的书,不是把中国哲学当作可以进行批判的东西,而是当作可以进行理解的东西来随意给出解读。它们没有看到文本中的皱褶和矛盾,这是非常令人遗憾的态度。

王钦:我注意到您的外语能力很厉害。您能够运用汉语、英语、法语、德语,而且据说最近在韩国用韩语做了报告。那么,您平时做研究的时候,一直用日语思考问题吗?还是说,根据对象的不同,会运用不同的语言进行思考和写作?这个问题涉及"作为思想的语言"这一著作的标题,但暂且将"思想和语言的关系"这一大问题放在一边,我想问的是,您如何看待外语和哲学研究的关系?

中岛隆博:刚才提到了空海的例子,事实上,我无法以单一语言的方式进行思考。只有通过多语言的方式才能进行真正的思考。现在我们恰巧在用日语进行交流,但这一日语中已经包含了其他的语言和概念。缺少这一点,我就没有办法思考。例如,即便是中国哲学的文本,要问的是:用汉语进行思考就能正确理解了吗?我对此表示怀疑。用日语思考,能够阅读日语文本吗?做不到。如果真的想解开文本的秘密的话,必须要使文本发生动摇。这一点非常重要。为了动摇文本,新的概念、新的语言就是必要的。必须通过新的概念、新的语言来动摇文本,由此新的姿态才能从文本当中产生。我认为误读也没关系。通过激进的误读而发现文本的秘密,不是很好吗?运用多种语言,也就是从文本中发现新的契机。

普通的日本人读不懂我写的日语。大家都说,我写的日语好像是光溜溜的墙壁,指甲都立不住。当然如此,因为我不使用普通的日语。我对日语施以强力,使之发生变形。如果不这样做,就不会产生新的东西。汉语也是一样。用容易理解的汉语写作,一方面当然很重要,但另一方面,如果不使得汉语本身发生变形的话,有的东西就无法传达。必须有这样的经验。不强扭汉语,就无法打开新的东西。某种意义上,这是一种混合的汉语。

王钦:最后,您怎么看待这次东京大学和北京大学联合确立的合作项目?例如,在那里会教授什么样的课程、日语—汉语—英语的三语教学会怎样实施等问题,您是怎么看的?而这一项目在您此后的教学与研究经历中,会扮演一个什么样的角色?

中岛隆博:北京大学和东京大学一起建立一个合作项目,这件事是我的梦想,年轻时候就有的一个梦想。我当初在东京大学当助教后,去立命馆大学当老师。那个时候,我被要求帮忙创立亚洲太平洋大学,为此我写了一份蓝图。当时想的是,要创立一个日本没有的大学,一个真正为了亚洲人的、能够起到作用的大学。二十年过去后,当时的计划受到了高度的评价。那里产生了新的人才。就此而言,当然是非常好的事情,不过像东京大学和北京大学那样,由各自代表自己国家的大学一起在研究和教育的层面上创立一个平台,这又是另一回事了。立命馆大学没有办法做到这一步,因为是私立大学。而东京大学和北京大学这两所公立大学一起构建平台、培养新的年轻学生,我认为这不单单是学术层面的合作,而是涉及构建东亚的未来。在政治和经济上,日本和中国之间存在着许多问题,无法简单地得以解决的问题。两者之间也有许多摩擦。但是,如果我们真正地面向过去,并且,努力从这个过去之中解放出来,努力共同构筑未来,那么大学的力量在这里是很大的。代表两个国家的两所大学一起开展教育研究项目,有着比我以前设想的更多的意义。我想,它向年轻人们传递的信息是:学问没有抛下你们,学问会守护你们的未来。所以,我对这次的合作非常期待;我自己还有十年就要从东京大学退休了,我想把最后这十年奉献给这个项目。

因此,也有必要采取与当下不同的教育研究方法。这是方法上的问题。无论在北京大学还是东京大学,授课的形式都差不多:有一个老师在讲台上,底下坐着学生,老师负责讲授或专题讨论。这当然没什么不好,但我现在设想的不是这种形式。毋宁说,我设想的是:教师不教授什么。我经常觉得,教师把自己知道的东西教授给学生,这是一件很无聊的事情。如果要教授什么的话,那也该教授教师自己不知道的东西,也就只能是和学生一同思考。而作为思考线索的,则是我愿意称之为"现代古典"的文本。和学生一起阅读,并且是同时阅读英语、汉语、日语这三个版本。例如,一起阅读汉娜·阿伦特。阿伦特的文本有日语翻译,也有汉语翻译。但阿伦特思考的问题,如公共空间的问题,其接受方式在中国和在日本就完全不同。在美国的接受方式和在法国的接受方式也完全不同。如果能够通过讨论这些差异,从东亚的角度出发,展开新的公共空间探讨,那就很好。或者一起阅读鲁迅。鲁迅在东亚是真正的"现代古典",当然也有英语翻译和日语翻译。竹内好极为独特的日语翻译就是其一。而这些翻译和原文之间又有不同。接受方式不同,就形成极其多样的鲁迅像。这是非常重要的财富。我想做的是将这一点和年轻人共同分享、一起重新阅读。而且,就东大而言,我们不会只让一个老师在教室里教课,一定会有两个老师,再加上助教。年轻学生和年轻的研究者一起阅读文本,这是我们想做的事。这一过程本身很重要,是一种制作的过程。然后将此向全世界传播。这是我们在教学方面想做的事。至于研究,我们想要建立几个共同的研究单位,如哲学、文学、历史学方面。在此,我们不做地域文化或地域哲学等研究,因为毫无意义。不是地域研究,而是将中国文学向世界敞开,由此发现新的文学性的议题。现在人们经常谈论世界文学、世界史、世界哲学等等,这些新的尝试当然有很多问题,但地域哲学、地域文学之类的研究必须得到更新。就算跟我说,作为地域文学的中国文学有这样那样的特征和亮点,我也会觉得,只有这样是不够的。毋宁说,作为文学,究竟能够提出什么问题和挑战,并将这些问题和挑战与大家分享,这才是有意义的事情。

哲学也同样如此。这与我们的社会形态、人的存在方式休戚相关。现在大家都在谈论今后人工智能的发达会如何改变人和社会的存在方式,而我认为,如今的时代恰恰要求我们重新从根本上提出"究竟什么是人"的问题。对此我们岂止不知道答案,甚至不知道提问的方式。如米歇尔·福柯所言,"人"是 19 世纪的概念,但 21 世纪的人究竟是什么,这一问题也必须重新考察。这个时候,我所想到的是:思考未来。事实上,思考未来,意味着创造未来。这不是像天气预报那样的东西。天气预报预测未来,但不会对未来的天气造成影响。但是,人的社会对未来进行思考时,就会因此改变未来。我想和大家一起认真思考东亚的未来,重新锻造我们的想象力。我们的想象力正日益萎缩,已经变得极其贫乏。让我们重新获得新的想象力吧。